棋盘与网络

[美] 安妮-玛丽·斯劳特 著
(Anne-Marie Slaughter)

唐岚 牛帅 译

The Chessboard and the Web
Strategies of Connection in a Networked World

中信出版集团 | 北京

图书在版编目（CIP）数据

棋盘与网络 /（美）安妮-玛丽·斯劳特著；唐岚，牛帅译. -- 北京：中信出版社，2021.9
书名原文：The Chessboard and the Web：Strategies of Connection in a Networked World
ISBN 978-7-5217-3161-3

Ⅰ.①棋… Ⅱ.①安… ②唐… ③牛… Ⅲ.①网络化－应用－管理学－研究 Ⅳ.① C93

中国版本图书馆 CIP 数据核字（2021）第 115386 号

THE CHESSBOARD AND THE WEB
Copyright © 2017 by Anne-Marie Slaughter
Published in agreement with Massie & McQuilkin Literary Agents, through The Grayhawk Agency Ltd.
Simplified Chinese translation copyright © 2021 by CITIC Press Corporation
ALL RIGHTS RESERVED
本书仅限中国大陆地区发行销售

棋盘与网络

著者：　［美］安妮－玛丽·斯劳特
译者：　唐岚　牛帅
出版发行：中信出版集团股份有限公司
（北京市朝阳区惠新东街甲 4 号富盛大厦 2 座　邮编　100029）
承印者：　三河市科茂嘉荣印务有限公司

开本：880mm×1230mm　1/32　　印张：9.25　　字数：160 千字
版次：2021 年 9 月第 1 版　　　　印次：2021 年 9 月第 1 次印刷
京权图字：01-2020-0899　　　　　书号：ISBN 978-7-5217-3161-3
定价：69.00 元

版权所有·侵权必究
如有印刷、装订问题，本公司负责调换。
服务热线：400-600-8099
投稿邮箱：author@citicpub.com

献给我的父母
内德和安妮·斯劳特

目 录

前 言 I

第一部分 网络的世界

　　第一章　大国与全球化　003

　　第二章　网络无处不在　016

　　第三章　棋盘视角与网络视角　041

第二部分 连接的战略

　　第四章　恢复力网络　055

　　第五章　任务网络　086

　　第六章　规模网络　110

第三部分　权力、领导力和大战略

　　　　　第七章　网络力量　137

　　　　　第八章　网络领导方式　161

　　　　　第九章　大战略　181

结　论　治网方略的崛起　209

致　谢　213

参考文献　219

图表注释　261

前　言

2015年6月，中国与其他49国创立了AIIB（亚洲基础设施投资银行）。美国鼓动它的所有盟国不要加入，因为它把AIIB视为1996年成立的"亚洲发展银行"——美国和众多欧洲国家，以及澳大利亚、新西兰、中国台湾、日本、印度等是其创始成员——的竞争者。从一开始，AIIB的启动被普遍认为是美国外交上的惨败。

中国创立AIIB，旨在建立自己的国际金融机制，以替代二战后美国和西欧国家创立的、以国际货币基金组织（IMF）和世界银行为代表的布雷顿森林体系。具有讽刺意味的是，时任美国总统奥巴马力争提高中国在国际货币基金组织和世界银行的投票权，但最终遭到自己国会的阻挠。

那些参与布雷顿森林体系的西欧国家率先叛离美国对

AIIB 的立场。英国首相大卫·卡梅伦 2015 年 3 月宣布,英国与中国有着十分重要的经贸关系,并申请成为 AIIB 发起国之一。德国、法国、意大利及澳大利亚、新西兰、韩国紧随其后,只有日本和加拿大踌躇不定。

用传统地缘政治竞争术语来说,中国是 1,美国是 0。不幸的是,正是这种思维从一开始就让美国政府对 AIIB 持错误立场。如果最初美国采取完全不同的观点会如何?如果一开始美国能主张把更多的钱投入基础设施建设且不管它们来自哪里,这会不会积极推动相关的民众福利及地区和全球经济增长?如果是这样,事情的出发点便不是国家间的竞争,而是全球民众的福祉。美国还担心 AIIB 资金可能会给官员腐败提供便利而不是为民众谋福利,正如世界银行过去经历的那样。这样一来,美国就有理由在 AIIB 制定章程和开展具体的工作时施以影响。

如果美国的目标是影响 AIIB 的发展而不是亚洲人民的利益,它可能会采取截然不同的战略。影响需要连接,关系网越紧密,影响力越大。基于这一观点,美国应鼓励它的盟友加入 AIIB。这样一来,美国就能更了解 AIIB 的工作,更有能力去影响其盟友,进而影响 AIIB 的发展。相比美国自己加入 AIIB 银行与中国形成抗衡,此类间接影响通常更有效。

更不幸的是，美国对叙利亚内战采取的政策面临同样的处境。从以国家为中心的地缘政治角度看，时任总统奥巴马2011年做出的结论十分合情合理，如同时任国务卿詹姆斯·贝克谈到1992年巴尔干战争时所说的一样，"这场战争与我们无关"。短暂的"阿拉伯之春"结束，叙利亚民众和平示威了6个月，之后枪声四起，整个2012年，巴沙尔·阿萨德领导的叙利亚政府意图通过最野蛮的手段击垮反对派，美国有理由认为，这一局势不会危及本地区美国主要盟友以色列、沙特阿拉伯或土耳其，也不会直接影响美国的地缘政治利益。

因此，美国当局采取的系列措施敷衍了事，毫无作用，只是为了确认、聚拢和支持叙利亚反对派，而没有提供机会让他们对抗政府军或财力雄厚、装备精良的宗教极端团体，这些团体最终演变为"努斯拉阵线"和ISIS（伊斯兰国）。ISIS威胁的出现，给那些对它发动空袭的国家提供了充足的理由，但阿萨德对自己的人民使用化学武器和桶装炸药则不然。美国动用的武器只是直接对准ISIS而非叙利亚政府军。在撰写本书时，俄罗斯和伊朗无疑是叙利亚局势的地缘政治赢家。除了以色列，美国在这一地区的盟友都因亲眼看到美国示弱而陷入困境。另外，用严谨的地缘政治术语来说，美国理应认为它在其他地区的政治、外交和军事资源得到了很好的部署。

然而，从另一个角度看，"阿拉伯之春"那数百万走上街头的中东和北非民众所面临的危险要高得多。这个地区给我们带来无穷无尽的战争和全球恐怖主义，不知不觉地侵入我们的日常生活，效率低下、严苛和不负责任的政府不能给本国年轻、焦虑不安的民众以希望和机会。有史以来，这一地区的民众第一次因拥有共同的语言、历史、文化和宗教而连接在一起，时下，他们也借由手机、社交媒体彼此连接，可以很快被示威游行和斩首的图片煽动，被无休止的人类苦难的言论蛊惑。阿萨德政权至今杀害了50余万叙利亚民众，制造了二战以来最大的难民危机，这一暴行成为阿拉伯世界一个公开的伤口。

考虑到这一相互关联的人为因素，使用炸弹、化学武器和饥饿屠杀叙利亚平民不仅是一个人道主义问题，也是一个战略问题。经历着这些骇人遭遇的人们只有两个选择：要么反抗，要么逃走。那些选择反抗的人眼看着美国的飞机升空，只轰炸ISIS的设施而不是为了保护他们的家人免受炸弹的袭击。他们以及正在关注中东的百万民众将得出结论，我们有关民主和人权的完美言论也不过如此。谁能给他们提供保护和向那些我们力图击败的狂热者复仇的机会，他们就会对谁效忠。

据估计，那些选择逃走的人大约有1 100万——超过叙利亚人口的半数，他们要么成为难民，要么无家可归，在国内四处游荡。其中至少有 100 万人进入欧洲，未来还会有更多人紧随其后。这股人流正在搅动欧洲政界，这使得右翼政党蔓延整个欧洲，并推动英国投票退出欧盟。英国的脱欧，甚至可能是英国自身的分裂，是一个地缘政治问题。这无疑都与美国有关。

解决叙利亚问题并非易事。我们不能替别人打仗，也无法阻止全球范围内发生暴行。然而，在一个深度互联互通的世界，人们自己——而不仅仅是他们的政府——就是世界舞台的主角。他们的命运必须成为战略考量的一部分，外交政策制定者必须予以权衡。相较于在决策时面临的含糊不清和复杂局势，马后炮要容易得多。但当今外交决策者所缺少的并非简单的先见之明，而是观察和认识我们生活的这个现实世界的一整套办法。

棋盘与网络

政客和外交家一直以来接受的都是这样的教育，即将世界看成一个棋盘，在一场永无止境的战略优势博弈中分析大国的决定，预测敌人的反应。19 世纪的英国和俄罗斯政治家公开拥护这一比喻，把他们在中亚的对抗行为称为"大博弈"。[1] 国家间讨价还价的理论基础是博弈论，1960 年托马斯·谢林撰写的

《冲突的战略》对它进行了详细阐述。半个世纪后,《权力的游戏》向我们展示了一种极其血腥和无比诱人的地缘政治,彼此征战的王国展开你死我活、难以捉摸和无休止的竞争。

享利·基辛格是此类博弈的卫冕大师,他堪称20世纪的梅特涅或俾斯麦,行事大胆,不惧变革,1972年向中国敞开了美国的大门。[2] 基辛格本人扩充了上述比喻,用美国人下国际象棋、中国人下围棋来说明美中外交战略的不同。围棋"象征战略包围理念"并"形成战略灵活性",而国际象棋"旨在完胜"和"从一而终"。[3]

用棋盘作为观察和认识由国家组成的世界的隐喻被广为接受,约瑟夫·奈把冷战后更为纷繁的世界政治比喻为"复杂的三维国际象棋"。[4] 最高层是美国主导的军事力量的博弈,中间层是经济大国的多极世界,最底层是由众多非国家行为者组成的分散领域。外交官和外交政策制定者在进行多重博弈,正如我们将看到的,不是所有的博弈都是下棋。另外,博弈各方仍执着于一场增加本国利益的竞争,顺便增加别国的利益,但更多时候是给别国造成损失。

用棋盘描述190多个相互竞争的国家以及那些参与了双边、地区和多边博弈的更小的国家,多数时候是精准和有意义的。但这不是唯一的描述方式,只通过棋盘一个视角来观察世界，会阻挡其他同样重要和有关系的视角。

想象一幅标准的世界地图，就像挂在5年级教室墙上的地图一样，它会标出边界和所有国家的首都。这就是棋盘视角。现在，想象一幅夜间世界地图，城市和人口密度高的地区灯火辉煌，郊区和荒野则是漆黑一片。那些光带代表公路、汽车、房屋和办公室，它们标志着把家人、职员和游客聚集起来的人类关系网。

这就是网络的视角。这张地图不是讲述分隔而是讲述联系，不是标出主权边界而是代表跨越国界联系的密度和强度。把国际体系看成一个网络，就是认为世界是由网络节点而不是国家构成的，这个世界在一些地方相互交叉，紧密交融，在另一些地方则更为错综复杂。这个世界不仅有恐怖分子，有合法和非法的全球贸易，如贩卖毒品、武器和人口，有气候变化和生物多样性下降，有水资源战争和食品安全，有腐败、洗钱和逃税，还有通过空中、海上、陆地扩散的流行病。简言之，这是一个充满紧迫威胁的21世纪。这个变化莫测的地图是我们这个时代的前沿。

1996年，社会学家曼纽尔·卡斯特出版了《网络社会的崛起》一书，这是《信息时代：经济、社会与文化》三部曲的第一部。[5]卡斯特在互联网发展初期就已经看到，人类活动中几乎每个传统的、垂直整合的领域都在横向重组。数字技术正在缩小世界，让每个人都能瞬间在任何地方交流信息，跨越了传统的等级和权威。如同重塑了农业时代社会结构的批量生产技术一样，卡斯特指出，信息社会将重塑社会的每个领域。

网络无视国家边界。卡斯特认为，网络社会把自身打造成一个驱动全球化的"全球系统"。[6]在卡斯特的研究开始一年后，1997年英国首相托尼·布莱尔的首席顾问周若刚出版了《连通性：如何生活在互联世界中》一书，他认为，世界日益增强的相互关联是"我们这个时代最重要的社会和经济事实"，它补充了之前对那个由分散和孤立的个体构成的世界极不充分的分析。[7]

20世纪90年代下半期，人们对全球化和网络都非常乐观。近20年后，另一个先知性的言论加入其中，它同样席卷全球，但显然不那么乐观。基辛格咨询公司的联席首席执行官和副主席乔舒亚·库珀·雷默把他那本精彩绝伦的书命名为《第七感：权力、财富与这个世界的生存法则》，这一灵感源自弗里德里希·尼采。尼采认为，人类需要"第六感"去捕捉历史的韵律，以便理解工业革命给生活各方面带来的变化。眼下雷默则认为，在"一个互相连接的新时代"，我们需要"第七感"遨游在"一个时时连接着整个网络世界的新时代，这些网络无处不在并定义了我们"。第七感"是观察所有事物并发现它们如何被连接的能力"。**万物**将互联互通，包括"我们的身体、城市和思想"，这种连接已经并正在压缩时空，赋予了网络大师"新种姓"，创建了虚拟的拓扑空间，这个空间正在用与我们居住的物理空间一样的比特塑造着我们生活的点点滴滴。[8]雷默在书中写道，如果没有领会到连接的重要性和后果，我们就有可能看不到，也无法为即将到来的末日做好准备，就像"镀金时代"的工业巨擘无法想象工业化战争的恐怖一样。

毫无疑问，我们看到身边的互联互通只是"网络化时代"的开端。当所有人都彼此连接且不仅仅停留在表面时，他们就像科罗拉多州白杨树的巨型菌落，共同组成一个有机体，当我们可以创造出神经网络，使其运转速度远超人类大脑的理解（更不用说相匹配了）时，许多坏事就可能发生。但从我简单的观察来看，外交政策制定者的眼光至少还停留在17世纪，当时《威斯特伐利亚和约》建立了主权和国家平等的框架，它们构成了国际法、国际政治、国际商业与贸易的基础，甚至"国际"一词也因此而诞生。无论未来会给我们带来什么，我们都需要能力和工具以确保这个截然不同的世界得以高效运转，国家仍旧存在并行使权力，但同时又与企业、公民、犯罪分子一起陷入一个网络组成的网络。

21世纪工具箱

托马斯·谢林1960年出版了《冲突的战略》，那个时候正值冷战最危险的时刻。美国和苏联因古巴而战，费德尔·卡斯特罗刚刚赢得革命的胜利，1961年4月美国在猪湾的行动的失败，一年半后发生的古巴导弹危机，使世界濒临一场核灾难。谢林最大的贡献，是把看似永无休止的美苏冲突转变为一系列博弈，在这些博弈中，双方往往能够找出并获得共同利益，他因此获得诺贝尔经济学奖。

《冲突的战略》向学者和政策制定者展示，与苏联明显的"零和"、殊死搏斗的战争僵局实际上是一场可能产生某些"正和"结果的竞争。关键在于，在众多的问题和事件中，找出这两个超级大国在某个特殊时期正在玩儿什么游戏。谢林列举了三种基本游戏：胆小鬼游戏，围捕牡鹿及囚徒的困境。[9]博弈过程虽然出奇地复杂，但描述起来很简单。

- 胆小鬼游戏：两名司机直奔对方，都试图阻止对方继续行驶。
- 围捕牡鹿：两名猎人选择各自追逐一只野兔或者一起

追逐一头牡鹿。对他们来说，最好的结果是打到一头牡鹿，但一个人如果食言去找兔子，另一个人就会一无所获。每个游戏者都不知道对方的选择。

- 囚徒的困境：两名囚犯被指控共同犯罪，并被关押在不同的房间，他们可以揭发对方也可以保持沉默。对他们来说，最好的结果是都保持沉默，并因此获得最轻的刑罚。显然，他们都会揭发对方。

一旦明确了是在玩儿哪种游戏，决策者就可以采取最符合自己利益的策略。

继谢林之后，罗伯特·阿克塞尔罗德出版了《合作的进化》一书，测试了将囚徒的困境从一个可能出现"双输"结果的博弈转变为一个达成合作结果的博弈的不同策略。"一报还一报"是计算机算法得出的最佳策略，它的进入方式很简单：在一个多回合游戏中，玩家第一步选择合作，接下来每一方都选择跟对方上一步相同的策略。它永远不会打败对手，但多走一步也不会输。这个策略使游戏双方得以实现一个对彼此来说都是次佳的结果，但要比其他策略的收益更好。[10] 此类博弈和策略构成了几十年来我们思考国际关系的基础。

但对于多数我们眼下面临的急切问题来说，这些博弈都无

前言

— XI

法套用。网络化世界，网络构成的世界存在诸多冲突和竞争。但网络关系的模式——最常见和典型的关系——就是互联互通。问题与威胁之所以不断涌现，是因为我们彼此连接而不是连接不够，或者错误的人或物以错误的方式连接在一起。ISIS能煽动独狼分子残杀自己的同事。通过航空枢纽，病毒能在一周内传遍全球。在一个大规模和复杂的全球供应链中对更廉价货物的需求催生了薪酬极低的工作。另一方面，数以百万计的年轻人失去了获得正规教育、工作和充实生活的机会，这加剧了跨越国界的愤怒与暴力。如果没有与学校、工作、家庭以及对未来的向往的积极有益的连接，这些年轻人就会与有害的事业连接，他们会认同自己是其中的一分子。

当问题在于连接时，我们的策略是什么？这里并没有讨价还价的博弈。网络化的威胁需要网络化的应对。往大了说，源自人们及其行为模式的威胁，需要采取直接与人及其行为模式相关的应对方法。这意味着低于国家行动水平的响应。在一个棋盘化的世界里，假设政客通过谈判达成一个协议，要求某些国家对其人口进行控制，如给公民接种疫苗，或者在境内实施抓捕以摧毁全球犯罪网。但常常出现这样的问题，即这些国家的政府要么存在腐败，要么能力不够，要么几乎不存在管理部门。甚至那些出于善意和高效的政府也常常无法足够了解要解决的问题。这就是为什么在恐怖袭击发生后,从纽约到雅加达的全球大城市会互相接触,分享信息,一起制定保护战略。

在所有这些例子中,相较于制定威慑、与他国政府合作及协作的策略,建立一个网络——出于特殊目的、使用特殊方式把人与机构连接起来——要好得多。如今,政府意识到要和公民、业界或组织直接接触,也就是召开会议,相比之下,建立一个网络也是一个更系统化的策略。从促进全球创业精神到保障妇女权利,各种会议和峰会都是人们选择的工具。主办方希望一次性或每年召开的会议能够鼓励与会者采取行动,并通过建立有用的连接来建立网络。人们在组织和举办这些会议上付出了巨大的努力,而在组织与会者和培养他们之间的连接以采取具体行动方面却付出得很少。

对于连接,我们没有应对手册,也没有生成策略执行工具的指南。为此,我们必须转向网络理论,就像谢林当年求助于博弈论一样。出于不同目的,不同的网络有着不同的结构和属性。

2012年,印度遭遇了史上最严重的断电事故,6.7亿人失去电力供应。事故的根本原因是供大于求。但影响范围之所以如此广泛,是因为印度的电网传输高度集中。整个电网依赖于少数关键发电站。只要其中几个出现故障,整体系统就会被破坏。一个去中心化的网络表现会比这好得多。

或者，考虑一下病毒的传播方式，它通过随机但密集的接触得以传播，事后可以被追踪并绘制成一个网络。为了防止疾病快速传播，我们采用隔离和检疫的方法来切断其传播网络。但当一个模因"病毒式传播"时，我们震惊于同样的去中心化、自组织的网络可以快速和大范围地传播信息。在死亡或愉悦在这些网络中蔓延之前，了解网络的堵塞点或中心枢纽在哪里对制定促进和预防传播的策略至关重要。

数字技术意味着我们可以实时绘制人类网络。人们通过声音、键盘和面对面交流建立联系，无论是虚拟的还是真实的交流方式，都会留下数字痕迹。如果我们用延时摄影拍下城市街道上的汽车，我们创造的光的轨迹将迅速填满整个都市，创造节点和边缘、明亮的街道和黑暗的区域。从理论上讲，在遵守新的隐私和安全法规的前提下，我们可以用同样的方式追踪从本地到全球的所有人类活动。同样，还可以发现谁与谁、什么时候以及如何联系。一旦掌握了这些知识，我们就需要一些策略和工具以做到学以致用。

网络先锋

我并不是说政府对网络一无所知。正如我们将在本书看到的那样，一些有远见的人和政府部门正在实施网络战略。正如我 2004 年在《世界新秩序》一书中写的那样，正在快速发展的全球治理领域，是一个由活跃在地区和全球的部长、法官及立法者组成的网络。[11] 美国也在考虑建立国家层面的网络，最近的一个例子是，2016 年 6 月国防部长阿什·卡特呼吁在亚太地区建立一个"原则性强的安全网络"，目的是在该地区建立包容、稳定的法治秩序。[12] 美国正在鼓励亚太地区的军事力量联合进行训练、演习、策划，并最终共同行动，目的是把东南亚和东亚、从澳大利亚到日本连接起来，形成一个独立的、不依赖于美国力量的地区网络，也就是要把现在的星状网络转变成一个分布式网状网络。6 年前，美国前南方司令部司令、海军上将詹姆斯·斯塔夫里迪斯也意图在西半球采取类似的做法，他提出深化和发展美洲各国的联系以提升安全和繁荣的战略。[13]

在低于国家的层面上，美国军方、情报机构、国土安全机构和全球卫生机构都在打造各种各样的网络，我将在书中阐述这些例子。国家安全官员直接建立了打击恐怖分子和罪犯的反制网络。特别是国土安全官员更是与数千位州和地方官员合作，他们必须考虑如何把更多人纳入这个联系网，以快速获得所需信息，同时提高弹性。克里斯托弗·福塞尔——一名在海豹突击队服役 15 年的老兵，是一名网络战争专家，他认为：

"我们现有的思考和处理冲突的大多数体系都是在以国家为中心的基础上建立的，存在偏差。这些体系一旦失效，就会被去中心化的、不大接受传统游戏规则的分布式网络取代。需要适应的是我们的体制，而非他们的体制。"[14]

一些外交官也在努力掌握这个新世界。在奥巴马第一个任期内担任美国驻瑞典大使、第二个任期内担任美国驻英国大使的马修·巴赞就职前是一名技术主管。当我在美国驻伦敦大使馆见到他时，我很高兴看到他那间大大的大使级办公室旁边有一间小办公室，门上挂着一个牌子，上面写着"网络参与办公室"。这个办公室致力于与英国公民、业界和团体建立持续的、有意义的联系，以便加强两国的特殊关系。它还是一个牵线人，不断发现新的联系和合作机会。巴赞开创了以网络建设和参与为核心的外交工作。

这些都是新外交政策的前景。然而，它们提供了早期的经验教训，分辨出什么有用，什么没用。美国——以及其他国家，如中国和一些欧洲国家——正在对一个日益互联互通的世界做出积极响应。但没有一个国家系统地采用我脑中的连接战略。我们看到的是对网络不可阻挡的逻辑的特别反映，并没有深入或更系统的战略思考。

大战略

用连接的视角思考战略并拿出可落实的措施势在必行，当我们考虑大战略时，这一点更为重要。大战略指一国如何平衡地利用其权力工具——军事、政治、经济、文化、技术甚至道德——来促进繁荣和安全。[15] 针对各大洲的大战略就是要用网络的思维来思考，即便一些国家还没有系统、科学地思考如何让它们的大构想与其实际能力相匹配。

中国就形成了一个明确的网络化大战略。2007—2008年，我和家人在上海生活了一年，我清楚地记得第一次看到以中国而不是以美国为中心绘制的航空飞行图，上面列出所有飞往美国、欧洲、中东和非洲的东西航线。历史上中国自称"中央王国"，是巨大纳贡关系网的中心，是宇宙的中心，与中世纪西方王国把地球视为太阳系的中心一样。

今天，中国认为自己正在回归它在世界上正确的位置。它又一次采取战略，在全球编织起一个商业和政治关系网，这个战略可以被描述为全新的经济"丝绸之路"，贯穿西方国家和"海上丝绸之路"，通往南亚和东南亚。美国海军学院教授邓勇写道，中国的"丝绸之路倡议建立在欧亚和海上亚洲开放网络的基础之上,这些国家通过中国资助的基础设施和交通工程,以及贸易和经济纽带联系在一起"。[16]换言之,在这个网络世界里,条条大路通北京。

从很多方面看,欧盟是一个网络的集合体。它的管理委员会是由不同部长——交通、财政、农业、司法、国土安全部长等——组成的网络。所以,欧盟把新战略聚焦在如何在一个网络化世界里促进自身利益上一点儿都不让人感到惊奇。在2016年《欧盟外交与安全政策的全球战略》中,欧盟声称,它"要成为网络世界中的议程塑造者、连接器、协调者和促进者"。它呼吁要深化与公民社会、私营企业、地区行为体和全球治理机构的伙伴关系。它将通过"动员它无与伦比的网络"来实现自己的优先目标。[17]

同样,现任总理贾斯廷·特鲁多领导的加拿大自由党,把它的外交策略称为"全球网络战略",明确承认"通过连接收获影响",因为"网络定义了当今世界的运行方式"。[18]该战略的基石是与其他国家、非政府组织、私营企业,以及加拿大形形色色的人口群体协作,包括年轻人、学者、宗教团队和艺术家等。

奥巴马在他的第一个任期内也出台了一个网络大战略,尽管他自己没有意识到。在他的第一次就职演说中,他对一些国家大方表示，美国已经逃避了数十年，"如果你们愿意松开拳头，我们将伸出手来"。[19] 在任期结束前，他已经在不同程度上说服了缅甸、古巴和伊朗实行类似的战略。奥巴马采取传统的外交手段，派遣一小队外交官展开秘密对话，拟定所需的复杂协议，打破严重的历史僵局，这些僵局首先会导致国家关系的断绝或冻结。在处理与伊朗的关系时，这些做法只起到部分作用。达成让伊朗停止核武器项目的协议，至少为结束美国几十年前实施的商业和其他制裁打开了大门，但通向全面建交的道路仍然漫长而艰难。

这些外交协议和之前的谈判是棋盘战略战术的核心。它们必不可少，最高层如果没有打开大门，就不可能编织一张商业、教育、文化和人际关系的网络。一旦这扇大门被打开了，我们就需要中间层次的连接战略去实现那些更宏伟的目标，去实现棋盘和网络更复杂和系统的整合。

外交政策中断

我可能属于沿用老式方法研究外交政策的最后一代人。[20] 从高中时代开始，我就对自己未来想从事什么样的职业心知肚明。我母亲是比利时人，父亲是美国人，我总说我是一个国际产物，我选择进入法学院，就是想未来能到纽约或华盛顿特区一家大型律师事务所工作，然后出入政府。这完全是那一代国务院高层官员走的传统路径。

我这个雄伟计划也有美中不足之处，那就是我确实不喜欢大律所的法律工作。所以我成为一名法学教授，教授那些渴望投身外交职业生涯的年轻人国际法和国际关系。不幸的是，我一边尽力为他们提供职业建议，一边不停地给他们泼冷水。我告诉他们，尽管他们能找到很多被派驻国外的法律工作（这需要他们熟知外国文化），但实际的外交政策工作——与他国合作或斗争去解决全球性问题的决策权——仅仅被握在一小部分政府部门手里。

昨天一去不复返。网络化世界最令人兴奋的特征之一，是在发现、制定和实施全球性问题的解决方案方面能真正产生影响的人群在急剧扩大。仅仅在美国政府内部，财政部、证券交易委员会、司法部、国土安全部、疾病控制中心、环保局和其他部门都参与了对外工作。如今，州长们也会率领贸易和投资代表团访问其他国家。许多城市的官员基本上都在实践城市外交政策，与他国城市的官员合作，解决从气候变化到恐怖主义等一系列问题。

在政府之外，网络世界的众多参与者也在塑造着外交。各种大型基金会、大学和公民组织都在努力解决之前所谓"发展问题"或气候变化、全球卫生等国际问题。[21]例如，麻省理工学院（MIT）的发展实验室管理着"实际影响联盟"，这是一个由美国美慈和西门子公司等私营企业和公共组织组成的网络，旨在制定和实施应对全球贫困的经济和技术方案。[22]彭博慈善基金会在创造和资助国际气候变化网络方面发挥了主导作用，最著名的是"全球气候与能源市长盟约"，它连接和调动全球 7 100 个城市的政府和非政府组织减少碳排放，减轻气候变化的负面影响。[23]以网络的角度看，这些问题和战争与和平一样，都是外交政策问题。它们涉及的人和机构要么与机会和资源网络脱节，要么相互关联，这意味着他们的行为会对全球产生负面影响。

私营企业也紧随其后。万事达的"包容性增长中心"认为，实现世界平等和可持续增长的关键是把微型企业的企业家与"关键网络"联系起来，如金融服务网、对等网络、社交网络以及人力资本发展网。[24]当杰瑞德·科恩——现任谷歌Jigsaw 技术孵化器项目负责人——做国务卿顾问时，他常常思考，如果全球企业都配备政策策划人员，考虑全球大问题和大趋势，按政府的方式去思考策略，最终的结果将会多么美妙。Jigsaw 是谷歌实现这一想法的手段之一，它创造了花样繁多的产品，例如为选举监控器、人权组织、独立新闻网站提供保护的网络攻击盾牌。其他公司也在追随它的脚步。

许多跨国公司在其全球供应链中也履行着环境和人权义务，逐渐组成一个公私合作和多边标准化的组织网络，它们都签署了《联合国工商业与人权指导原则》。[25]从苹果、耐克到沃尔玛等公司，它们都不同程度地执行着供应商行为准则。越来越多的企业认识到，在网络化世界，它们工作所在的社区和地区的卫生、教育、机会、环境保护和物理安全等既是政府的问题，也是它们自身的问题。

从直接实力看，许多大型跨国公司的市值超过许多小国的国内生产总值（GDP）。在全球175个最大的主权国家和私营企业中，112个是企业。[26]在国际上，这些企业的首席执行官比多数国家的总理和外交部长更重要，至少他们不需要在联合国或其他国际、地区组织中赢得投票表决。例如，全球最大的石油公司埃克森美孚拥有私人武装，且拥有由前外交官和国家安全委员会官员组成的精英外交团队，在某些国家，它的影响力不亚于任何政府。[27]即使在解决问题确实需要投票的情况下，小国政府也很少会反对那些财富过于集中的企业。它们通常会寻求发达国家公民组织的支持和帮助，希望这些组织起草决议和支持它们在国际组织中的立场。[28]

类似"国际救助贫困组织"(Care)、"无国界医生组织"和"大赦国际"这样的组织在全球舞台上也拥有类似的权力,它们是全球人道主义基础设施的一部分。受人尊敬的公共部门、企业和公民组织领导人会参加在纽约召开的"克林顿全球倡议"会议,这个会议与联合国大会或世界经济论坛同时在世界各地举行,这些会议映射出全球事务参与者和其影响力的真实情况。这张会议地图看起来与联合国的成员名单非常不同。

但是,国际关系的新世界发展得越快,连接断开的影响越大。学习外交政策的学生和实践者并非对这一变化视而不见,然而,他们没有现成的方法把这些行动者纳入只在理论和法律上为国家建立的框架。[29] 在各大学和国务院,网络化世界的参与者被称为"非国家行为者",就像克莱·舍基说的那样,这种比喻就像把汽车称为"无马的车"。[30] 回头看,我们知道它们不是什么。向前看,我们没有确切的词语去描述它们是什么。

在网络世界中,他们都是外交的参与者,仅此而已。他们在国内有着相同的身份,个人、企业、慈善机构、公民组织、犯罪集团、大学,以及我们在国内各领域认可的所有其他机构。在网络世界中,和政府官员及机构一样,他们都有能力创建网络并在其中充当节点。

二者兼得

希拉里·克林顿是一位兼容并蓄的政客。当我在美国国务院为她工作时,我的下属和我常常起草各种备忘录,提出政策建议。她通常会反对这些建议,认为这些问题不是非此即彼,而是二者兼得。问题的起因多种多样,解决的办法也不可胜数,复杂问题常常需要兼顾左右两方的解决方案,兼顾更多政府、家庭及社区,兼顾管理和创新。

我在本书中展示了一种观察和理解世界的既此又彼的方式。"国际体系"和"全球政治"是抽象概念,是我们想象中的世界的心理地图。棋盘与网络是绘制这些地图的不同方式,但两者并不相互排斥。美国可以在与俄罗斯、中国和伊朗这样的国家进行棋盘威慑或讨价还价的同时,建立网络与上述国家的公民和机构打交道。

我们必须学会从多维度去观察。人类和灵长类动物都可以用双眼看世界:两眼都朝向前方,而不是像许多哺乳动物那样,眼睛分别长在脑袋的两侧,这样就会有更宽广的视野。两眼朝前,每只眼睛看同一物体时会有轻微的差别,大脑处理这些差别并生成一个三维图像。每只眼睛感知不同的现实,组合在一起它们就可以形成一个更丰富、更精准的整体图景。[31] 我们如果把棋盘和网络两种方式整合起来，就可以把国家看成一个统一的行为体，与其他国家展开竞争和合作，又可以将其看成许多延展出边界，但和公民、企业、公民组织和犯罪团伙合作的各种网络的节点。

我们必须用棋盘与网络的双重视角来看待全球事件。如果你提到1949年，受过棋盘思维训练的外交政策专家马上就会知道那一年签署了《华盛顿公约》，成立了一个对抗苏联的西方联盟——北大西洋公约组织。受过网络化思维训练的专家更有可能想到《世界人权宣言》，它是人类尊严之网的基石。埃莉诺·罗斯福是《世界人权宣言》起草委员会主席。在《罗斯福家族百年史》这部电影中，肯·伯恩斯捕捉到她对苏联驻联合国代表安德烈·维辛斯基的回应，维辛斯基要求100多万来自东欧的政治避难申请者必须回到苏联治下的国家。她回答说："联合国的成立就是为了保护每个人的权利而非政府的特权。"[32] 在更早的一些画面中，作者乔恩·米查姆引用了他在雅尔塔用经典的棋盘思维术语描述富兰克林·罗斯福的话，他说，罗斯福"一贯是一个务实的政治家"，他"从不相信先走第一步"。

两方面的事情都会发生，每种思维都抓住了国际现实的一个重要部分。我们必须学会将棋盘与网络统一起来，同时看到国家和人民，国家与网络。例如，我们必须明白，当美国宣称要捍卫共同价值而随后的行动却完全出于自利的算计时，棋盘世界和网络世界就可能出现不同的反应。政府官员通常都明白，虚伪是外交手段的一部分。大多数公民则不然，他们会注意到美国人言行不一，常常会因此而讨厌美国人，这种讨厌胜过对美国人简单地表明坚持权力政治时的讨厌。

当我们能看到一个更丰富、更精准、更立体的世界时，我们就能制定出兼顾冲突和合作的连接策略。我们将了解网络结构和框架的丰富多样性，将学会针对特定的网络问题量身定制解决方案。当然，我们还会在尝试与失败中前进，但至少我们找到一个出发点，一个分析框架和一套工具。这就是本书的目的。

第一部分
网络的世界

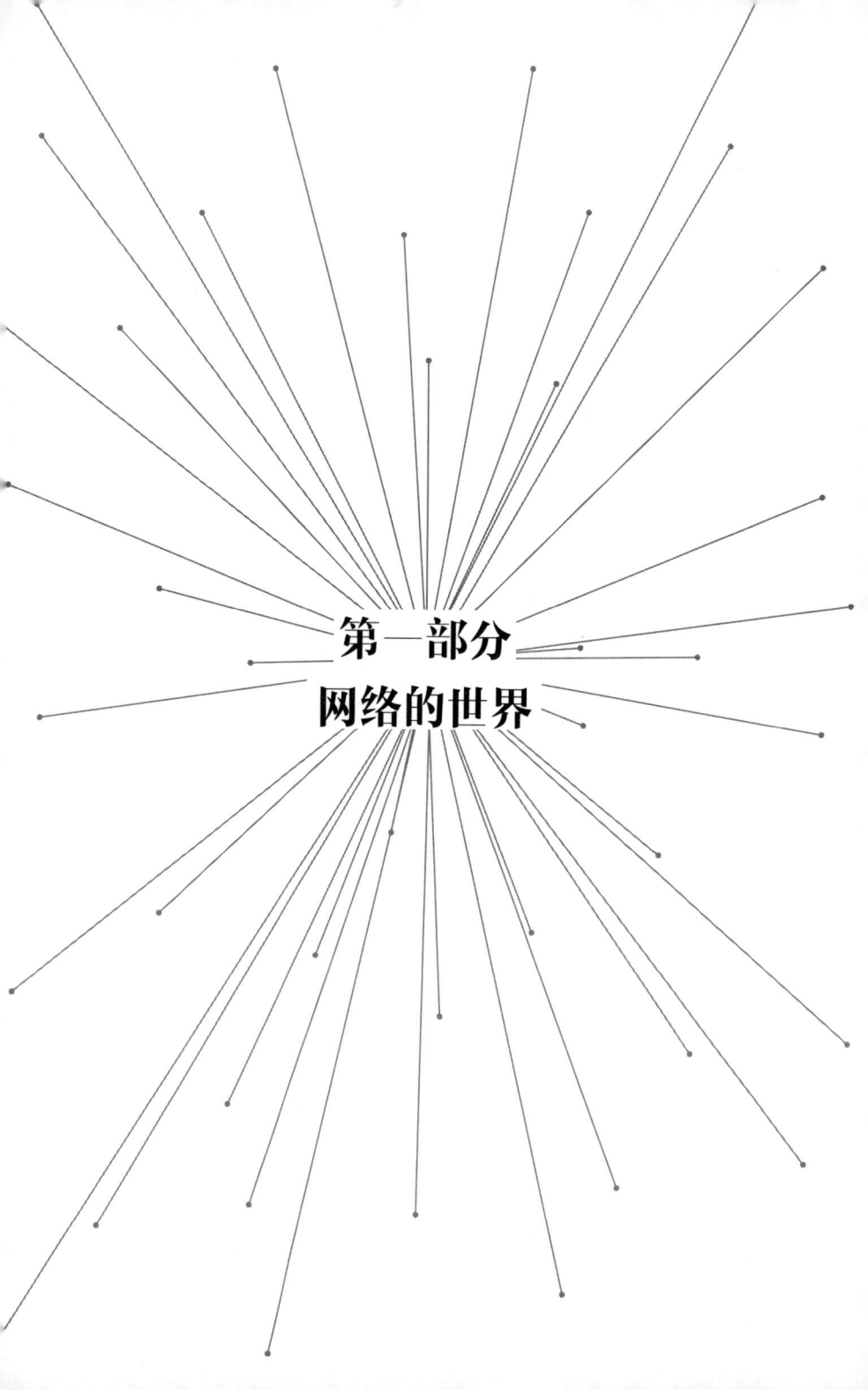

第一章
大国与全球化

1977年秋在普林斯顿大学读政治系时,我第一次接触到国际关系这门学科——"国际关系导论"(我丈夫当时也在教这门课)。那时我的授课教授福阿德·阿贾米指定了一本由两个这一领域的新星——约瑟夫·奈和罗伯特·基欧汉——撰写的新书《权力与相互依赖》。像许多本科生一样,我不认为他们的理论是全新的,我认为它是永恒的真理。这本书后来的确成为一部经典,2011年发行了第四版。现在重读这本书,我发现它准确描述了棋盘和网络这两个世界。

奈和基欧汉把世界政治的两种理想状态进行了并列描述:传统的强权政治的现实主义世界——"由有组织的暴力主导的斗争"和"复杂的相互依赖"的世界。[1]在现实主义者(棋盘式)的眼中,国家是世界政治中的"主导角色",扮演"连贯的单元"或单一行为体的角色；武力作为一种外交工具，有用又有效；在一个严格的外交政策等级结构中，军事问题优于经济、社会和环境问题。相比之下，在复杂的相互依赖的世界中，国家与超政府和跨国行为体共同分享全球舞台，国际政治包含众多等级不分明的问题，武力并不是一个现实的选择。

复杂的相互依赖不是把全球化的世界视为一个整体，只是描述其中联系最紧密的部分——当今发达的工业化—数字化民主国家之间的关系。换言之，就是"西方国家"加上日本、韩国，以及一些全球化的经济体，如新加坡、班加罗尔。英国外交家罗伯特·库珀把这种尝试互连的区域描述为"后现代体系"。在一篇2003年撰写的文章中，他认为这个区域是指欧盟，但后来他将范围扩展到日本和美国。库珀还认为，对欧洲国家而言，不使用武力是一种可行的政策选择。他的观点比基欧汉和奈更极端，他认为欧洲正在经历一次"国家分裂"，新秩序正在出现，在这种新秩序下，"国家主权不再被视为绝对"，国家的"边界越来越无关紧要"，各国允许外界对其外交和国内事务加以干涉。[2]

在21世纪头十年的中期，几十年来一直在前进的欧洲一体化面临着严峻挑战，民族主义重现，一些欧洲国家强化了边境管控，英国投票脱离欧盟，但欧洲进行的实验仍然是迄今为止我们能看到的世界上最雄心勃勃的集中国家主权的努力。

复杂的相互依赖是网络世界的一个极端案例。基欧汉和奈观察了欧洲和美国不同政府官员之间的网络密度。30年后，在《世界新秩序》一书中，我集中论述了监管机构、法官、（某种程度上还有）立法者之间网络的爆炸式增长——不仅在欧盟内部，而且在欧盟和其他成熟的自由民主国家之间，在更广泛的世界范围内都是如此。我认为，这个复杂的政府网络——从巴塞尔银行监管委员会到一个全球的反垄断网络，再到全球最高法院法官的电子邮件群发系统，它们与正式的全球机制，如联合国、国际货币基金和世界贸易组织等，一同构成了现代世界秩序的基础。

但如果40年前基欧汉和奈就论述了棋盘与网络，并形成迄今还在发展的学术圈，眼下为什么还要重新引用这两个基本模式？原因在于，尽管我们认识到国家与其他众多行为体共享全球舞台，但外交政策制定者仍优先关注以国家为基础的外交政策工具。特别是罗伯特·基欧汉，他继续领导着一个学术体系，专注于如何设计国际制度，通过国际合作解决问题。复杂的相互依赖描述了网络的世界，但并没有给我们提供网络策略。

其他学者侧重于把网络作为一个独立的参与者，但他们的观点更多是描述而非解决问题。[3] 本书的观点来自多个领域：

国际关系学者、政治科学家、国际律师、科学家,以及模范的企业家。与其他各种国际组织相比,他们都对网络相对于其他国际组织的优势和影响越来越感兴趣。在本章的最后,我们将探讨另一个把复杂理论引入全球政治的类似机构。

棋盘之外

当基欧汉和奈撰写《权力与相互依赖》一书时,他们为20世纪70年代国际关系研究塑造了一个主导范式:结构现实主义。他们的目标是为世界提供一个严密的理论框架,说明这个世界不会注定陷入无休止的国家间零和冲突,而是可以支持国家间出于共同利益而开展持续合作,这些利益包括改善本国公民的生活状况和解决全球性问题。他们希望说明"军事安全"并不会自动成为国家间政治交往的"主要目标","军事力量"也不一定是国家政策最有效的工具。[4] 该书出版在冷战期间,他们需要证明,复杂的相互依赖的世界能够成为一个国家间合作而非持续冲突的世界。

政治科学家正试图找出政治行为的决定性动因,在国际关系中,政治行为在传统上意味着国家行为。如果各国是寻求军事安全的黑匣子,那么,它们会陷入与他国永无止境的竞争和冲突。但如果国家由不同的政府行为体组成，每个行为体都嵌入其他政府机构同行的关系网络，并承受来自本国社会网络化行为体的压力，那么这些国家在不同领域会有不同的目标，至少在某些时候合作是有可能的。对基欧汉和奈来说，核心问题是，达成合作需要什么工具？他们的答案是国际机构，它们将"设置日程，推动联盟的形成，成为弱国政治活动的舞台"。[5]

20世纪八九十年代，现实主义者（无论是否建构现实主义）与一些学者展开了一场争论，这些学者更多地从政治经济学而不是国际安全出发，后来被称为自由制度主义者。[6]他们争论的问题是，在什么情况下人们可以相信国家会寻求和遵守让各方获利的合作，在什么情况下各国更关心相对于彼此的利益。[7]两个阵营都提出多种模式，把国内政治对国际进程的影响都考虑在内。[8]

安德鲁·莫劳夫奇克把自由制度主义向前推进了一步，提出把棋盘与网络有效结合起来的国际关系自由主义理论。他认为，"国家—社会关系——身处国内和跨国社会背景的国家关系——对一国在世界政治中的行为有着根本的影响"。[9]通俗来说，莫劳夫奇克的出发点是国内社会中的个人和群体，他们与其他社会中的个人和群体存在着联系，这就是网络。另外，他还认为，"世界政治的普遍现象就是**全球化**"。[10]全球化的经济、社会和政治关系网络决定着公民个人、企业、公民团体的生活状况,并决定了他们和政府的想法。[11](所有政府,无论是民主国家还是独裁国家,都会对一些利益集团的偏好做出反应。)

那么,我们就不要假装把网络看成一种新事物。它是许多社会科学家、企业和公民团体——更不用说罪犯了——观察这个世界的透镜。本书稍后会继续讲述他们已经做的事情。然而,这个透镜仍聚焦于决定国家行为的网络,而不是全球本身。

网络步入舞台中心

一小群国际律师和政治科学家已经开始把网络科学与国际政治整合起来。政治经济学家迈尔斯·卡勒2009年收集了一些相关成果,将其编辑成《网络化政治》一书。用他的话来说,"网络已经成为我们这个时代的知识中心",但往往"是一个隐喻而不是一种分析工具"。[12]

此书的撰写者同时研究了"作为结构的网络"和"作为行为体的网络",前者研究一个网络的结构如何影响其中的节点或行为人,后者探讨网络化的组织是否比等级结构或市场更有效,或者只是在国际体系中产生不同的影响。他们利用社会网络分析法绘制基地组织的图谱,研究哥伦比亚贩毒网络的结构,并研究跨国宣传网络的演进和有效性,如旨在消除第三世界国家债务的国际组织 Jubilee 2000。本书的后面几章将介绍一些在国家签署特惠贸易协议时出现的非正式网络,并将大赦国际等网络化组织和其他等级更高的组织进行比较。[13]

这项工作最重要的贡献在于它对网络内部和网络行使权力的本质的洞见,我将在第七章中讨论这个主题。鉴于政治科学家是研究权力理论的学生,这种强调并不令人奇怪,它能给那些从事网络研究但不怎么关注权力的学者提供一些有益的修正,下一章我将继续解释这一点。它还允许国际关系学者检验对网络中个人的研究结论——例如圈子成员对非圈子成员的明显敌意,或者越是居于网络中央的成员越可能表现得咄咄逼人,看看他们的行为是否预示着国家行为。[14]

掌握社会网络分析理论和工具的学者,刚刚开始把他们的方法应用到研究全球政治上。但迄今为止的研究成果已经产生一些深刻的见解。包括:

1. 网络位置和连接的程度能赋予参与人讨价还价的能力和社会权力,从而抵消物质权力带来的不平等。[15] 例如,一些国家很小但连接度很高,它们通过中间人的身份把那些连接度较低的大国加入它们的连接网络,从而把自身的权力最大化。几个世纪以来，瑞士一直在利用这一优势。

2. 一些网络表现出"富者愈富"的模式，即新节点倾向于接入那些已经拥有最多连接的中心。这一趋势强化了中心规范倡导者的权力，让他们能够制定倡导议程。[16]

3. 能够提供网络信息的行为者可以提升自身在网络中的地位。

4. 参与一些网络能影响其他网络的参与度。例如，若两国是同一个政府间组织成员，那么它们之间的贸易会增加。[17]

5. 许多成功的网络，从基地组织到大赦国际，都是等级体系和网络的混合体。

6. 具有一个强大中心枢纽的网络比那些略微分散的网络效率更高，但弹性更小，而且难以扩展。[18]

对那些把网络作为全球治理行为体加以研究的学者来说，他们研究的核心问题是，网络化的国际组织、机制或非正式的倡议是否以及何时会比传统国际组织更有效地解决国际问题或实现成员目标。在《世界新秩序》一书中，我提出要解决全球问题，由央行行长、政府部长、法官和立法者组成的跨政府网络是对传统组织（如联合国、世界银行和国际货币基金组织）的一个重要补充。此类网络的增加源于我提出的"国家的瓦解"，这意味着政府的不同部门正在剥离受命于国家和外交部领导的外交政策棋盘模式，转而创建私人或公民的网络。

在国际法和国际关系方面进行的更详尽的研究分析了跨政府网络在不同问题领域的价值。[19] 它们大多侧重于全球管理进程。各国既不想要也不期待全球政府。然而行为体——从企业到罪犯到形形色色的专业人士——越来越多地在全球范围内行动，他们只需要点击鼠标就可以跨越国界和管辖区域。除非机构和法官以及越来越多的立法者相互合作，或者至少是相互了解，否则他们只能为一个更大整体中的一部分制定和执行行为规则。[20] 理解国家政府和私人组织实际上是如何制定和尝试执行规则的，将最终改变国家和全球决策者解决公共问题的方式，并将促进正式和非正式的全球行政法律体系的发展。

我将通过本书，冒险跨越棋盘去研究网络行为体、全球行为体而非国家。鲜有相关的研究超越国家网络去探讨由个人、团体和机构组成的全球网络。出现这种情况，部分是因为"结构"与"机构"之间的紧张关系。当我们研究国际体系时，必须有一个出发点，最简单的做法是把国家行为作为某种国际结构——无论是单极、两极、多极、联盟体系，这是某个国际组织的成员的权力分配——的一个功能进行分析和预测。一旦假设或明确了体系的结构,你就可以分析和最终预测参与者(即国家)在这个结构中将如何行动。

这确实是一个先有鸡还是先有蛋的问题。参与者创造了结构,结构也在塑造参与者的行为。网络分析提供了一系列工具去分析参与者的行为,即便这些参与者人数众多。研究网络参与者,是解释全球政治的另一种可能。

全球涌现

混沌理论试图描述确定的、常常是封闭的非线性系统,在此类系统中,微小的变化可以有非常大的影响。最常见的例子就是"蝴蝶效应",蝴蝶扇动翅膀能引发一场飓风。混沌理论的这一特性及其他观点使得人们对复杂性和复合自适应系统的研究蓬勃发展起来。[21] 这些系统拥有"大量相互影响的组成部分,它们向所在的环境开放,用新颖甚至有时是出乎意料的肉眼可见的属性组织其内部结构"。[22] 金融市场、全球气候以及人脑都是复合自适应系统。

众多国际关系学者尝试用"基于主体的建模"去了解这些系统:从本质上讲,计算机模拟可以为一组主体——无论是个人、企业、国家还是其他行为体——规定初始条件,然后实时模拟这些主体在一段时间内相互作用时会发生什么。研究合作的最著名的理论家罗伯特·阿克塞尔罗德指出,"基于主体的建模是一种进行思维实验的方式",根据众多参与者的互动和彼此适应来改变决策规则,然后观察整个系统会呈现什么状态。[23]

泽夫·毛兹利用这种方法将国际关系建模为"国际网络的网络"。[24]这些网络本身就是"突现结构",它们是从国家适应彼此行为的相互作用的状态演化而来的。但其他利用这种方法的学者并不专门研究网络。阿克塞尔罗德率先在探讨企业如何制定标准、规则如何演变和固化、国家如何选择立场以及新的政治角色如何涌现等方面做出了出色的研究。[25]拉斯-埃里克·塞德曼用"基于主体的建模"把国家与民族区分开来,而不是像国际关系理论家那样把民族国家假设为国际体系的默认前提。[26]这些国家是如何形成的?为什么有些民族成功地发展为国家,而另一些民族,如库尔德人却没有?

把全球政治理解为一个复杂的适应性系统,会让我们看到一个由国家组成的世界,它的组成部分是不断变化的,而不是像欧洲议会或冷战时的两极对峙那样的(暂时的)静态平衡。模拟能让我们看到这种均势是如何出现的,正如复杂理论让我们看到一个生态系统中的众多要素是如何互动的,它们都在影响和适应着彼此，最后带来一种结果，即只跟踪其中一个或少数要素是无法预测未来的。

这项工作在几个方面与网络科学是交叉的。用于分析复杂适应系统的计算机模型常常和那些被用来提出网络如何形成和发展的假设模型一样。事实上，复杂适应系统中的系统本身通常被称为复杂网络。另外，那些关注全球政治网络的学者把它们定义为"能够定义、允许和约束参与者持久关系模式的涌现特性"。[27]

本书不会聚焦于涌现。更相关的是，理解不同参与者——无论是国家还是个人——是如何与他人建立联系的，不同类型网络的联系模式的区别是什么，某网络内某个参与者的位置，它与其他参与者关系的数量与质量，决定力，影响，以及某网络内部及整个网络各节点的脆弱性。另外，如同决策者开始创建网络并把它作为完成各种外交目标的工具一样，能够将这些网络的发展与演变建模为复杂的自适应系统，对情景规划可能更有价值。

政策工具箱

我们已经确定，在学术圈，棋盘与网络对国际体系模型来说并不陌生,即使我用新名词来界定它们。网络参与者,通常被称为非国家行为体——或有时候当成为政府的一分子时,它们也被称为跨政府行为体——被视为国家行为的驱动者,即使学者在一些问题上各执一词,如参与者之间的沟通纽带是什么、它们的目的是什么,以及国家到底如何行动等。为数不多但数量与日俱增的学者正在把不同的网络作为全球参与者进行研究。

然而,没有一项研究成果能为外交政策制定者提供网络工具,帮助他们完成工作,比如应对全球危机,稳固推进美国的外交、军事或商业利益,或者与其他全球参与者合作解决共同面临的问题,如气候变化、恐怖主义。关于如何建立一个全球性的机构的建议比比皆是。关于国内与国际政治互动的文献也提供了一些思路,告诉我们何时以及如何建立国内政治联盟来支持国际政治目标。但是,网络一直未被视为一种可能的工具,用来设计、激活和管理,以实现特定的政策目标。

为创建这套工具,我们需要一种不同的科学:系统地研究网络本身。上文提及的观点只是一个开始,但是从生物学到物理学再到工业组织等的多个学科,它们本身存在着更为丰富的网络学术宝库。是时候该细化一下网络了。

第二章
网络无处不在

人类网络与人类关系一样历史悠久，包括亲属网络、部落网络、朋友和家庭网络等等。可以说，自然科学和社会科学对网络的研究伴随着计算机的出现而发展。计算机是这样一种技术，它的能力来自与其他计算机建立联系，它能使数学家、物理学家和经济学家模拟、分析和预测网络的相互作用。[1]在计算机有能力分析海量的数据、进行大量运算之前，学者们只能研究一小群人的联系。如今，让我们能够研究网络的技术——我们熟知的互联网，即全球计算机组成的网络——已经成为网络时代的隐喻和象征。

网络理论的适用领域很广泛。它能为许多重要的大部头著作提供营养，包括数学图论和高级博弈论、人类大脑的神经图、分析创新与供应的商业书籍。本章我将对此进行总结，看看学者们对我们周围世界各种网络的看法，它们是怎样形成的，是怎样运转的。最为重要的是，我将在本章末尾讨论专注于网络如何让我们对人性、动机与激励产生了截然不同的看法。改变那些固有的对世界运转的看法十分重要，哪怕我们也不清楚自己掌握了什么，这对政策制度至关重要。

多学科的丰饶角

我们大多数人最开始认识网络，就是把它视为人类自我组织的一种方式。当我努力思考一个网络的例子时，我的脑海中首先浮出的是"老男孩网络"，这是一个不为人知的有权力的男性俱乐部，他们通过多种方式扩展自己的权力，包括通过相互影响雇用员工的方式而培养各自的圈子，为各自的事业募款，建立相互支持的债务与互惠网络，好让他们共同管理一个机构、行业或社群。至少许多女性是这么认为的！网络就是一种社会关系模式。

鉴于我们对社会网络——朋友、熟人、邻居和同事间关系——的直观认识，心理学家、人类学家和社会学家首先研究网络就一点儿都不奇怪了。[2] 它起源于对人们如何与其他人打交道的研究。社会可以被描绘成一系列重叠的人类网络，其中一些人与别人的连接较其他人更为紧密。

最近几十年来，世界越来越如此。看看互联网，这个名字本身就意味着它是一个网络的网络。它们是与人相连的计算机网络。这些计算机能够收集大量数据，能够找出模式和联系，让我们可以用一组节点和链接来映射几乎任何事物。毕竟一个链接就是两个事物或节点之间正在发生的连接。

在互联网出现前，"链接"一词有着双重含义，它既是一种物理的客观存在——一个金属圈与其他两个金属圈相连，也是一种抽象的概念，描述两个人、组织或想法之间的某种联系。人的链接是一种联系，可以被定义为互动功能的关系：两人是否相互认识，他们见面或联系的频率，他们一起参与活动的数量和类型。矛盾的是，当这些链接变成虚拟的，变成一组正在发生的电子化互动时，它们就成为现实的了。我们无疑时时刻刻都能**看到**这种联系。人们（以及越来越多的事物）创造的数字痕迹，是他们与其他人和事物可见的链接。

想想你的脸书网页。我们所有人都可以根据亲疏远近做出感情判断，进而描绘出各自的家庭、朋友和熟人关系网。然而，时下的网络可以被视为电子网页上一系列的微小头像、化身和网名，它们出现在我们书桌的电子页面上，被放在我们的口袋中，我们会为它们花费大量的时间。我们现在可以看到和衡量我们的互动有多频繁。社会学家对我们关系的抽象描述已经转向虚拟世界的数字化生活，它越来越变成我们生活的世界。更有甚者，与陌生人或组织建立联系变得前所未有地容易，我们只需要轻敲键盘，点击，连接。

下一次当有人说世界比以往任何时候都更紧密地相连时，你可以想象一下夜晚的星空图，恒星和行星之间的连线说明了很久以前人们是如何标注星座的。现在想象一下，那些恒星与行星在整个宇宙中相互连接，随时会有新的连接出现。对自然和社会科学家而言，这些网络的发展与性质提出了一系列全新的有待解决的有趣问题。"网络科学"应运而生并成为一个分支学科，汇聚了数学家、物理学家、生物学家、计算机科学家、社会学家和经济学家的见解。它与复杂性理论相关但又不同，复杂性理论研究自组织网络是如何从复杂适应系统中涌现的。

我不可能去总结甚至全面考察所有这些学科的研究。但可以借鉴它们的原则和观点，帮助我们思考如何为了实现专门的目的而**创建**网络。我们不仅可以学习如何以网络的视角去观察世界，还可以学习如何在网络中更有效地行动。

朋友和熟人

受心理学、物理学和数学启发，社会学家率先使用了"社交网络分析"（SNA）：一套概念和方法，让我们能够确定在特定的网络中谁与谁有联系，这种联系的密度，这种联系是积极的还是消极的，他们彼此以及在整个网络中的相对地位，网络自身的结构和属性。[3]SNA 网络体系结构越来越多地被社交媒体公司用来衡量影响力，企业也用它来描绘人们与公司的关系结构（这种关系通常无法被企业内部的组织图捕捉到），学者则对网络的形成、出现和演变感兴趣。[4]它标识出一个人与他或她所有的朋友和熟人之间的关系，或者是一组特定个体之间的完整关系。

社交网络分析最基本的理念是衡量谁正在与谁（或什么正在与什么）有关系的一种方法，网络理论家把它称为"度"。[5]某个特别节点（节点 A）的度，即它与其他节点已有直接联系的数量。那些直接联系到节点 A 的所有节点都可以被视为节点 A 的近邻。但节点 A 的邻居还有其他邻居，这些邻居与节点 A 联系的度不是第一而是第二位的。节点 A 邻居的邻居还有自己的邻居，与节点 A 的联系就是第三度的，以此类推。（这门学科启发了有关凯文·贝肯"六度分隔理论"的游戏，影迷试图让贝肯与某位指定的演员建立联系：演员 A 与演员 B 在电影 X 中合作，演员 B 与演员 C 在电影 Y 中合作……以此类推，直到他们找出某位与贝肯合作过的演员。）社会物理学家尼古拉斯·克里斯塔基斯与政治学家詹姆斯·富勒在合作撰写的文章中指出，网络的影响最多到第三度。[6]你朋友的朋友的朋友的所食、所做、所思将影响你的所食、所做和所思，但更弱程度的联系就不行了。

重要的不仅仅是你拥有多少联系，还有与你联系的人是否也与其他人发生联系。对我们日常生活的社会网络分析最著名的文章，来自社会学家马克·格兰诺维特，这篇文章比 SNA 网络体系结构开始依靠复杂软件数据包和计算机模拟要早得多。格兰诺维特尔 1973 年撰写了《弱连接的力量》一书，书中指出，求职者更有可能通过与他们只有一面之缘的人找到工作，这种可能性比通过与他们互动更密切的人找到工作要稍大一点儿。[7]

其中的逻辑是，你和你的朋友已经彼此建立了联系，也与一个更大的、可能与你有着相同知识背景——包括对工作机会的认识——的群体建立了联系。然而那些与你只有一面之缘的人，他们属于不同的社会网络，更可能掌握着你所不知道的信息。联系的强度与"网络密度"——描述一个网络关联度和内聚力的属性——有关。[8] 网络内关系密度高的次网络被称为群。

社会学有一个分支，根据社会资本衡量一个社会的联系强度，政治学家罗伯特·帕特南在他的《独自打保龄》一书中让这个概念变得广为人知。他提出"桥接型社会资本"（脆弱的、疏远的关系）与"结合型社会资本"（强大的、密切的关系），并注意到，对一个强大的社会来说，这两种资本都是必不可少的。[9] 弱联系能缩短群体间的"路径长度"，也就是从网络中的一个节点到另一个节点所需的步数，并弥合不同群体之间的信息鸿沟——社会学家罗纳德·伯特称此为结构洞。[10] 当群体表现出"闭合"——每个人都与其他人建立联系，允许所有人共享规则，开展有效的监督和确保互信时，结合型社会资本就出现了。[11]

除了度与密度这两个概念，社交网络分析的另一个关键概念是中心性，它被用来衡量网络中某个节点连接的好坏程度及其重要性。中心性主要有四种类型。

- 度中心性是最基本的，它只是告诉我们一个节点有多少链接。
- 接近中心性用于描述网络中给定节点与其他节点的平均距离。

- 中介中心性是某节点相对其他节点的位置；中介中心性高的节点，处于与各节点距离最短的交叉点上，就像两条河流或高速公路交会处，是人们要去其他地方的必经之地。从功能上看，中介中心性"反映了（一个）节点对互动的控制量"以及网络中节点之间的信息流动。[12]
- 特征向量中心性测量某节点邻居的平均度。通过这种测量，某节点的重要性不取决于它有多少朋友，而是取决于它与这些朋友的联系有多好。

在第七章论述网络中的权力时，我们再回头讨论不同的中心性。

社会学的另一个分支——组织社会学，模糊了产业管理与产业关系的界限。这些学者把网络看成一种组织形式。在过去的20年里，这个领域的研究集中在网络的属性和优点上，并把它与市场和等级制度进行比较。这些研究大多是描述性的，确定每种形式的属性并进行分类。就我们的目的而言，在决定如何为一个特定的目的设计一个网络时，本书的见解并不那么有价值，但是在首先确定何时构建一个网络是最合适的外交政策工具时，这些见解更有价值。

社会学家沃尔特·鲍威尔在1990年发表的一篇著名的文章中，把网络看成一种与市场和等级结构不同的组织形式。他写道，市场的特点是独立的、"冷漠的"行为者（彼此并不认识）之间产生的"离散的"（一次性的）交易。当交易重复发生以及需要大量投资时，等级制度就出现了。交易变得常规化，由一个中央权威机构管理，由规则支配。然而，网络对二者均予以藐视：它们以互利为基础，在灵活却相互依赖的行为体之间重复交流。与市场不同，它们建立长期联系，但它们也足够灵活，能够适应环境的不确定性，这是等级制度无法做到的。[13]

社会学家曼纽尔·卡斯特——前言里提到的数字时代的编年史家——的研究建立在鲍威尔对网络优点的理论分析的基础上，并把它应用于企业世界。[14]他在1996年《网络社会的崛起》一书中，描写了企业对新环境——高度竞争的全球市场，要求规模大、反应快、灵活调整以跟上飞速的变化——提出的要求正在做出反应。企业的解决办法是把自己从"垂直官僚机构"转变为"扁平协作组织"。自上而下控制的筒仓变成了"多功能决策中心"网络：一个公司内部的不同单元或不同业务在一个去中心化但拥有共同战略框架的结构中平等地工作和互动。伴随着组织的转型，出现了一个新的协作产品：共同创造，或者如唐·泰普斯科特和安东尼·威廉姆斯所称的"对等"。[15]

看一下波音公司，20世纪90年代末、21世纪初，它开始从一个飞机制造商转变为"系统整合者"，依靠一个"广泛的扁平合作伙伴网络，实时协作，共享风险和知识，以实现更高的业绩"。[16] 相比之下，思科系统诞生于数字化世界，从一开始就以"全球网络化商业模式"来自我组织，这意味着组织中的每个部分都是一个网络，而整个组织是一个网络的网络。在卡斯特看来，思科是一个时代的范例，在这个时代，**网络是现在及未来组建新组织的基础材料**，正如等级制度是工业时代组织的基石一样。[17]

15年后，网络与等级制度问题已经成为商业著作的标准用语。例如，普华永道管理咨询公司声称，"网络商业模式是数字时代的一种系统"。[18] 表2-1对等级制度和网络在结构、属性、雇员特质和关系等方面做了完美的描述性总结。

表2-1 等级制度及网络化组织的特点

等级制度	网络
・中心化	・分布式
・福特主义：工人一遍一遍地完成专门任务，作为固定顺序的一部分	・灵活专业化：小规模产品团队同时工作，互相补充共同完成项目
・员工特点：服从权威，遵守规则，从众	・员工特点：自我管理，适应性强，解决问题，协作
・联系强但数量少	・联系松散但数量众多

续表

等级制度	网络
· 任务、经理和部门根据功能来组织	· 任务、经理和部门根据项目来组织
· 沟通是在一个明确渠道下的垂直命令	· 沟通是横向的，也有垂直协商
· 管理者凭借头衔、等级和资历获得权力	· 管理者凭借经验和贡献获得权力
· 岗位描述精确，控制领域界定严格	· 岗位描述泛泛，工作范围灵活
· 关系的维系依靠交易和报酬	· 依靠信任和声誉维系关系
· 调整速度慢，改变难	· 调整速度快，改变容易
· 集中式决策，协调成本低	· 分散式决策，员工满意度和忠诚度高
· 在稳定、可预测的环境中表现良好	· 在一个需要效率和灵活性的不确定环境中表现良好

资料来源：Walter Powell, "Neither Market nor Hierarchy: Network Forms of Organization," *Research in Organizational Behavior* 12（1990）: 295–336；Bruce Pietrykowski, "Beyond the Fordist/Post-Fordist Dichotomy: Working through *The Second Industrial Divide*," *Review of Social Economy* 57, no. 2（1999）: 177–198; Duncan J. Watts, *Six Degrees: The Science of a Connected Age*（New York: Norton, 2003）; Marshall Van Alstyne, "The State of Network Organization: A Survey in Three Frameworks," *Journal of Organizational Computing*（1997）, available at http://ccs.mit.edu/papers/CCSWP192/CCSWP192.html; and PWC, "Hierarchy vs. Network—A New Business Model for Success?" 2014, http://www.digitalinnovation.pwc.com.au/hierarchy-vs-network-business-models/。

一些学者认为，市场、网络和等级制度位于一个连续体上，市场与等级制度位于两头，网络位于中间。另一种观点的重点不是看人们对彼此的了解程度，而是看他们互动的类型和深度。市场交易在陌生人之间一次性发生，并受法律的管辖；网络互动在个人间重复进行，因"相互给予和索求的魔力"而将人们紧紧捆绑在一起。[19] 在这个频谱中，位于中间的是等级制度：交流是重复的和常规的，和在网络里一样，但这种交流像市场一样依赖于"管辖权威"。

位于频谱最远端的网络，依靠的是互惠带来的信任。人类学家卡伦·斯蒂芬森认为，尽管信任自史前时代以来就是人类关系的天然黏合剂，但它在现代等级制度中极其稀缺，尤其是在政府中。在同一个官僚机构内，垂直式的管辖常常导致人们相互竞争，彼此削弱。斯蒂芬森还指出，对员工社会资本的评判应该包含在绩效评估中，尤其是在跨组织的绩效评估中，这反过来也能让管理者评估员工是愿意"解决问题还是逃避问题"，是愿意作为团队的一分子迎接挑战还是寻求自保。此类激励结构能对抗"筒仓心态的短视排他性"。最好的情况是，它可以释放政府官僚机构内部和横跨多个官僚机构的网络能力，让它们可以打击全球犯罪、欺诈和恐怖主义网络。[20]

用点和线来描绘世界

网络理论高度依赖于数学家提出的图论，这是一种把三维问题转化为由点和线（即节点之间的链接）组成的二维图表的方法。图论能让数学家和物理学家量化物体或人之间的关系，用数学的方式形式化它们的属性。例如，一个高中社交网络可以抽象为图2-1。

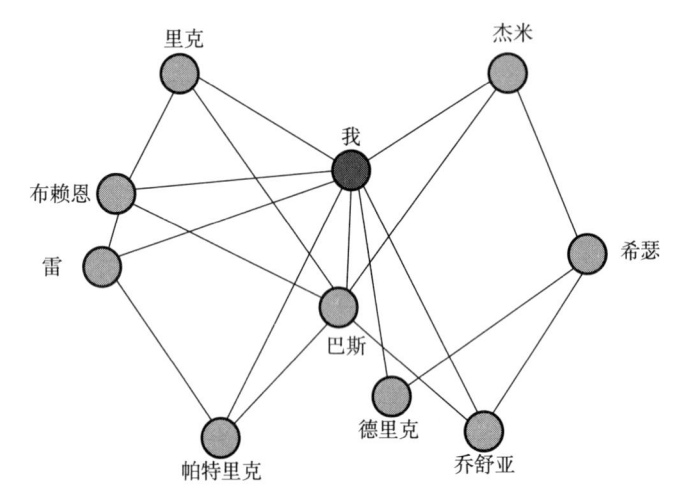

图2-1 朋友网络：一个有10名学生的高中社交网络

计算机赋予我们分析海量数据的能力，并执行数以千计，甚至数百万次的运算来呈现和量化更大的网络。因此，一点儿都不奇怪，物理学家和应用数学家对我们理解网络做出了许多贡献。物理学家和社会学家邓肯·沃茨，师从数学家史蒂夫·斯托加茨，擅长"小世界"研究，即凯文·贝肯"六度分隔理论"游戏所捕捉到的现象：世界上的每个人只要经过六度分隔就可以建立联系。小世界网络的属性表明，即便每个人只认识两个住得最近的邻居，只要通过一些"捷径"或在广泛分散的集群之间的链接，也可以快速把每个人连接起来，无论是发现共同的朋友或熟人，还是散布消息或病毒。[21]

　　物理学家艾伯特-拉斯洛·巴拉巴西与沃茨同时研究网络的结构和演变，他发现了无标度网络，为完成拼图增加了一块重要的碎片。通过把自然演变的网络绘制成图表，巴拉巴西发现，节点间链接的分布远不是线性的。在正常情况下，我们都会认为大多数节点都有一个平均的链接数，链接最多与最少的节点分别位于钟形曲线的两边。但他发现并非如此，在许多网络——如万维网——中，少数节点的链接数庞大（我们称其为中心），而绝大多数节点的链接数要少得多。[22]这种分布类型被称为"幂律"。巴拉巴西的发现对无标度网络的恢复力有特殊意义。破坏大多数节点有可能不会殃及更大的网络。但对几个最大节点实施目的明确的破坏就能摧毁整个网络。

　　他们二位的研究告诉了我们一个相同的结论：微小的变化——真正的小变化——会产生巨大的影响。这也是复杂性理论的一个主要教训，我们在上一章已经看到。但复杂的自适应系统远比精心设计的网络更难预测和操控。针对某些特定节点的行动，无论是出于好意还是恶意，都会产生明显影响，如强化或毁灭这个网络。权力、财富、机遇和脆弱性在自组织网络中往往分布得非常不均衡。

生命网络

还有一位物理学家弗里乔夫·卡普拉提醒我们,从生物学家到哲学家,每个人长期以来都在讨论"生命网络",即所有生命体之间数不胜数的相互依赖关系。卡普拉把那些由单个有机体和细胞组成的网络与社会网络联系起来,提供了一个有机的视角,与图论的表现形式不同,它更注重每个不同的属性。[23]

在生物学家看来,有机体就是细胞组成的网络,而细胞又是分子组成的网络。然而,形成这些网络的链接不是物理的联系,而是一个变化的过程,是"通过化学反应的网络实现能量和物质"的流动。[24] 与静态的点和线不同,生物网络不停地通过这些生机勃勃的流动来进行自我修复和更新。卡普拉认为,也可以采用同样的方式去看待社会网络,通过这种网络,思想和意义可以流动和改变。

这个观点为理解和设计网络提供了一些有价值的见解。首先,只要发生交换,网络就存在。在图论中,我们在各个节点之间画出连接线,说明它正在与什么建立联系,从而组建了一个群——大家彼此相识,像网络一样经常交流。但卡普拉提醒我们,网络只有在那些交流正在发生时才能成为网络。没有生命的有机体和有生命的物体一样，拥有DNA（脱氧核糖核酸）、基因、蛋白质和分子；构成生命体网络的是其中的能量和物质。麦肯锡公司最近采纳了这一观点，并用它来分析全球网络。麦肯锡创建了"连接指数"，用来衡量货物、服务、资金、人员和数据的全球流动。这个指数根据一国与其他国家建立联系的方式、流动的绝对价值及其在国内生产总值中的比重进行排名。美国和中国在流动的绝对值方面名列前茅，但新加坡和荷兰在全球总排名中分列第一和第二名，因为新加坡和荷兰的流动进出口总值是其GDP的数倍，而美国为39%，中国为63%。[25]

其次，在一个生物网络中，每个细胞都有半透明的薄膜，允许一些能量和物质流动的同时也阻断另一些流动，但它"不是分隔的界限而是身份的界限"。[26]它们确保本细胞有别于其他细胞，但同时又能像分隔细胞那样与其他细胞相联系。同样，社会网络的节点——意味着人——既是截然不同的，又通过交流和共同行动与他人建立联系。分隔和联系并不是对立的，而是互补和共存的。

再次，生物学的隐喻能帮助我们发现，每个组织都有"非正式网络和正式结构之间持续相互作用"的特点。生物网络是自我生成的，它创造、维系和修复它所赖以生存的结构。正如卡普拉描述的那样,"在一个细胞中……蛋白质、酶、DNA 和细胞膜……不停地被细胞网络创造、修复和再生"。[27] 对于人类这样复杂的多细胞有机体来说,我们身体内部各部分的化学反应不停地在更新我们的皮肤、头发、血液循环和内部器官。外部结构是由内部网络创造的,而内部网络反过来又依赖于外部结构而存在。

人类组织也是如此。想象一下任何一家企业的标准组织结构图,它展示了正式的谁向谁汇报的结构框架。现在,想象一下企业是如何运作的:谁和谁闲聊,谁是纷争调解人,谁是问题解决者,谁是那个总是知道事情进展的"路由器"。麦克里斯特尔集团是一个专门把等级机构转化为网络的咨询公司,该公司会在受雇后不久对新客户进行网络分析,以发现这个组织的血液真正流动的静脉和动脉。人们一般会发现,相对少的人或节点向他们的同行传递着大多数信息。通过雇用和解雇员工——增加或删除潜在节点,正式的结构能清楚地塑造非正式的网络。但非正式的网络也能形成组织结构图,通过影响各个节点的表现决定整个组织的生产力和健康状况。

生物学带来的最后一点启示,是模块化在复杂系统中的作用。"模块化",指的是部分独立、可分离部件的相互影响。细胞生物学家利兰·哈特韦尔领导的团队回答了细胞是如何组织起来的这个问题，提出一个细胞是由多个模块组成的网络，每个模块负责不同的功能。这种结构使得细胞可以同时执行不同的任务。[28]

对网络的恢复力来说，模块化意义重大。进化生物学家西蒙·莱文和海洋生物学家简·卢布琴科在莱文复杂适应系统的研究之上，探索基于生态系统的自然资源管理。[29]他们写道，对模块化和恢复力之间的关系最确切的论述，是"赫伯特·西蒙关于两个钟表匠的寓言"。一个钟表匠在做表时，会先做出一个手表——模块——所需的各个部件，然后把它们组装在一起成为完整的手表。另一个则一次性完成手表的制作。如果他们的工作被打断，前一个钟表匠只需要修复当时正在组装的模块，而后一个钟表匠就要从头开始。模块化"通过锁定增益和分散干扰，被赋予鲁棒性"。[30]在人造组织和自然系统中，模块化结构提供了"抵御一连串灾难的缓冲区"。[31]

网络与人的动机

经济学家研究网络相对要晚一些，但**经济人**概念——理性人在做决定时要依据对个人成本和收益的仔细分析——的引入，把研究引向人类深思熟虑的选择带来的网络。其他学科的学者常常开玩笑说,"经济人"指的是除经济学家外非真实世界的人;然而,理论选择的假设使他们能够在模拟游戏的基础上模拟复杂的人类交互系统。

当经济学家观察网络时,他们看到的是(正如经济学家桑吉夫·戈伊尔说的那样)"一个社会中人与人关系的模式"。[32]他们并没有看到像数学家所绘制的图表那样的随机分布,也没有看到像社会学家所认为的由社会规则和结构所决定的模式。经济学家的模式"反映了个人所做的理性决定"。[33]个人选择朋友,生意伙伴选择供应商,买方选择卖方,他们的选择都是根据自己的利益。传统经济学家认为,有必要操纵人们的动机来改变这些模式,例如可以改变人们接收信息的数量和质量,或者奖励一些选择而惩罚另一些选择。[34]

在网络中,人们彼此接触以获取信息,他们获得信息的数量和质量取决于被连接的人是谁。正如我们看到的,人们的动机——判断某个特定选择比其他选择更可取——也会受到与他们有联系的人的影响。因此,经济学家研究结构、规模和密度各异的不同类型的网络如何影响单个成员的动机,以及单个成员可以从这些网络中获得信息的数量与质量。这些研究的独特之处在于利用博弈论来建模,分析每个决定如何受网络中其他不同属性的影响。利用计算机模拟来改变和扩展这些属性,经济学家可以进行在现实世界中无法进行的实验。实验结果表明,对不同的目的——如传播信息或鼓励合作——来说,不同的网络架构效果更好。

除了系统总结有关网络的知识如何影响其中的个人,经济学家还关注网络和公共政策。戈伊尔提醒我们,政府一直在努力提升向公民提供信息的水平,以帮助他们做出更好的选择。他写道,假设一个政府希望其公民在信息技术方面做出更好的选择,政策制定者可能会认为,密集的社会网络的存在意味着他们提供的任何信息都能在整个网络中快速传播开来,因此不必在广告上投入太多。然而,事实上,对网络效果的经济学研究表明,有时候多即是少:更多的连接(一个非常密集的网络)实际上可能会减少每个个体获得的信息量。他们会减少自己搜集信息的次数,因为这些信息他们可以通过自己的人脉以更低的成本获得。因此,决策者反而应该增加广告预算。[35]

经济学家还关注"社会预期的结果和个人有目的的行为实际产生的结果"之间的差距。这一假设可以让他们建模:如果所有的个体都基于他们所能获得的选择的成本和收益的完全信息做出完全理性的决定,那么会产生什么样的联系模式。这促使经济学家去研究网络的形成:是什么让理性人去选择联系,以及结果——如企业与战略合作伙伴、卖家和买家、求职者或任何试图建立一个网络以最大化高价值信息流动的团体——是否如其所愿。如果不是，政府能采取什么措施来改善吗？[36]

社会物理学

麻省理工学院媒体实验室人类动力学小组负责人亚历克斯·彭特兰，开创了一门被称为社会物理的学科来解决上述问题。该学科利用大数据研究和改进网络中思想交流的方式。通过"调整"社会网络结构及其内部发生的具体交流，政策制定者能够塑造社会学习和社会压力程序，以增加集体智慧，形成合作规则。[37]

彭特兰认为，这种被他称为"接触"的程序能够推动协作与合作。"接触"通常始于一个组织中相对较少的个体之间定期和频繁的互动，它侧重于过程和结果的合作，通过直接的合作达成共识，建立信任。它本质上是由复杂的数学来支持的团队建立。方程式可以实现对社会影响的建模。大数据使得调整和完善模型成为可能，例如，将绩效数据与团队成员在会议期间的行为，比如话题转移、声调、肢体语言和其他社会信号相结合。[38] 同样有这个想法的学者保罗·亚当斯写道，"在人类历史上，我们第一次能够真正绘制和衡量人与人之间的互动"。[39]

这项研究仍然处于初期。这可能会带来奥威尔式的隐私侵犯和有关社会工程的危险的乐观。然而，整个行为心理学——使用心理学上的"助推"来推动我们做想做的事——就是社会工程。正如彭特兰认识的那样，尽管社会物理学假设"学习他人的行为……是行为改变的主要和可能的主导机制"，它也承认源自理性思考的"不可避免的不确定性"。[40]

"小抄"

众多学者研究网络取得的知识财富，为网络设计者提供了可持续、可扩展的资源。为撰写本书，我摘取了一些思想，作为思考如何创建和维持网络以实现特定外交政策目标的出发点。从第四章到第七章，我将利用这些观点来解决外交政策问题。

等级制度或网络？

1. 网络化组织相对于等级机构更灵活，更有创造力，适应性更强，自我管理更强、更有弹性；等级机构效率更高，在条件清晰和可预测的情况下更易于管理。网络比等级制度在实现某些特定目标方面要么更快要么更慢，这取决于环境以及它们是如何被设计和引领的。

2. 网络依赖于信任和互惠。

3. 网络不需要一个管理机构。

4. 每个组织都具备非正式网络和正式结构之间持续相互作用的特点。所有正式的等级制度都包含非正式网络，所有的网络都将根据经验或专业知识建立非正式的等级机构。

选择架构

5. 对不同目的来说，网络密度的重要性不一样：弱联系可以连接不同的群体，强联系会让现有群体更稳固。[41] 弱联系最适合听取意见，强联系则产出效果最好。

6. 可以通过不同的方式让一些节点"中心化"，以实现不同的目的，包括信息传播、对其他节点的控制、脆弱性和建立社群等。

7. 两个地理距离相去甚远的密集网络可以通过在集群之间添加一些"捷径"链接而连接起来，从而创建"小世界"。

8. 一些网络的发展并不均衡，少数节点拥有大量的链接。经过它们的任何流动都呈幂律而不是钟形曲线分布。以这些网络中的大节点为目标可以产生显著的积极或消极影响。

9. 由模块化网络组成的组织可能更具恢复力,更胜任多任务,每个模块都可以执行不同的功能。

评估影响

10. 网络的结构会影响其内部成员的行为,这种影响通常是内生的和外来的。影响源于动机或信息的变化,或者通过社会学习和社会压力程序产生。

11. 网络中的个体做出的抉择不仅会受到朋友的影响,还会受到朋友的朋友,或他们朋友的朋友的朋友的影响。

12. 复杂网络的微小变化可能会产生巨大的影响,就像小世界网络的创建一样。

13. 网络产生的涌现效应和输出,大于参与个体的能力总和。[42]因此,管理良好的网络可以成为力量倍增器,但这些效应和输出也可能是负面的。

网络思维

14. 只有节点间确实有信息、沟通或物质等流动，才会出现一个有生命的网络。流动创造了网络。
15. 网络中的边界最好被理解为身份的边界，而不是分隔的界线。赋予网络生命的节点之间的流动将它们连接成一个更大整体的一部分；因此，节点、集群和更大的结构是不同的，但不是独立存在的实体。

我们差不多已经准备好把这些原则应用到真正的网络设计上了。然而，让我们稍事停留，整理一下棋盘与网络对世界的看法之间的所有差异，进行一些思想试验，以便我们能够把二者融合起来。

第三章
棋盘视角与网络视角

看到图 3-1 时，你看到了什么？大多数人第一眼看到的是一个老妇人，有着大大的鹰钩鼻，薄薄的嘴唇。然而，换个角度看，她的嘴巴变成了一个年轻可爱女子脖子上的项链，她的脸扭向另一边。老妇人的鼻子变成年轻女子下巴的大致轮廓。这张图片就是著名的认知错觉，诀窍是学会如何在同一张图片的不同图像之间轻松地转换视角。

棋盘与网络也是一样的。当我读研究生时，"本体论"一词是我们学生用来对付他人的武器，它能让我们听上去高深莫测。"认识论"，这个吓人的玄妙词语让人很难理解。事实上，这两个词并不是那么难懂："认识论"只是指人们获取知识的方法；"本体论"是指存在本身。

图3-1 年老还是年轻？著名的认知错觉图"我的妻子和我的岳母"，漫画家W.E.希尔创作于1915年，灵感源自1888年左右一张不知名的德国明信片。

你看到的世界是什么样的？你是否看到了国家之间的相互

制衡，以及不时就权力政治而进行的无休止的博弈？你认为国际组织和机构自身有权力吗？你觉察到全球企业、恐怖分子、毒品和武器走私者、人权组织、环境和宗教团体都在追求各自的利益，并试图按照自身的意愿塑造世界吗？不同的国际关系理论提出了不同的本体论。学者、专家和政策制定者研究"世界"或"国际体系"，从中发现差异。

本体论从研究一个由国家组成的世界，转变为研究一个由网络组成的世界，这种转变是从分隔的视角转向连接的视角。冷战期间，国际体系中最重要的关系是两个不同国家间的冷冲突。一个国家天然地是世界上独立的主权国家，可以自由地与其他国家结盟，或者完全与世隔绝。

20世纪90年代的全球化建立在60年代和70年代全球化的基础上，全球网络的编织使基欧汉和奈《权力与相互依赖》一书得以诞生。国家和人民之间日益增多的关系网创造了国际体系的新图景，在这个新图景下，对大多数国家和人民来说，连接是最主要的关系。艾布拉姆和安东妮娅·蔡斯甚至重新定义了主权，认为它不仅意味着不被干涉，也意味着参与国际组织和网络的权利。[1]

在学习设计网络并把它作为外交政策工具部署之前，我们需要确保能在棋盘与网络之间自由切换，把它们看成"都/

和"的关系，是我们生活的世界的两个部分。但是，那种双生图像比我们外界的心理模型能更深入地了解我们外部的情况；它们对人类自身做出了不同的假设。

许多网络理论家指出，人类与社会科学理论中追求理性利益最大化的人有很大的不同。神经科学家研究人脑的不同区域，社会科学家绘制了一个日益网络化的社会，企业家狂热的共享经济理念挑战了许多经济学家所信奉的高度个人利己主义。与其考虑经济人，不如考虑**社会人**，社会人被归属和连接的欲望驱使，而不是被个人目标驱使。

下棋人和网络人

为了便于论述，我们假设传统地缘政治的参与者——下棋人——大多对"经济人"了如指掌。他们设想了一个理性收益最大化的世界，并把这种想法移植给国家。英国帕麦斯顿勋爵用一句政治家一直在引用的话抓到了这种情绪："没有永远的朋友，只有永远的利益。"

全球网络的缔造者——网络人——更多关注人而非国家。他们对人的行为方式有着不同的看法。社会心理学家苏珊·菲斯克准确地把握了社会人的实质，她把人类看成"社会生物"，即人"被鼓励从属于某个群体，形成社会共识，有效地控制人际关系，强化（尊重或至少是完善）自己，默认情况是信任他人"。[2] 从这个观点看，利己主义超越了自身。事实上，社会心理学家、神经科学家、进化生物学家和人类生物学家确实得出一个结论，"进化适应性明显有利于有群体导向的人"。[3] 向社会寻求帮助，向连接的情感和影响敞开心扉，可能会增加我们基因的繁殖机会。

然而，无论他或她行为的进化论起源是什么，"社会人"寻求归属和联系的动机首先是一种原始欲望而非工具欲望。[4] 从这个角度看，人与人之间的联系，和吃饱肚子一样重要，一样能维系生命。它本身就是目的，而不仅仅是实现目的的手段。以一种方式将人与人联系起来，共同努力，从而增加个人的幸福感，而不管这种努力是什么。在1995年对福朗西斯·福山《信任》一书的评论中，法里德·扎卡利亚指出，连接不一定都是积极的，他认为，俄克拉何马城的联邦大厦炸弹恐怖事件的主谋曾与志同道合的阴谋论者参加过保龄球联赛。[5] 然而，网络人可能真是和下棋人不一样的动物，他们会屈从于不同的影响，动机各异。

追求深层次、完整联系的人类与那些影响利己效用最大化的人，会对截然不同的激励做出反应。[6] 相较于接触、沟通、规范、社会化、身份和共同目标，奖励、监督和惩罚也许效果更差。[7]他们之所以分享，不是出于互惠的算计，而是出于分享带来的心理愉悦。[8]那些追求连接的人听从内心和头脑的决定，会受情绪、公平、同理心和直觉的影响。[9]他们的行为、思想、感情，甚至个人特性都与社会高度相关。[10]

人类的范围包括表现出自私和善于交际的各种可能组合的个体。另外，苏珊·菲斯克解释说，社会心理学家自己把"亲社会行为"归因于多种动机：利己主义、利他主义、集体主义和原则主义。集体主义是改善群体福利的动因；原则主义"坚持道德标准"，不违背一整套抽象的价值观。[11]除了个体间的差异，不同社会与文化在增强亲社会或亲自我行为方面也各不相同。这里的重点不是要选择，而是反对对人性狭隘观点的坚持。

人类行为理性选择模型的反对者认识到，他们正在抽象化和简化真正的人类行为；行为经济学的整个学科都在试图根据真实的人类行为和动机来完善经济模型。然而，我们所有人，也许尤其是身处危机的外交决策者，都是我们心理模型的囚徒。网络世界的外交参与者必须解决有关个人和国家的政策问题。因此，从一整套有关人类兴趣、动机、激励和约束的假设出发来开展工作十分重要。

把所有要素加在一起

政治学家常常鄙视类型学,但是,当我们将在棋盘世界和网络世界中看到的一切进行对比时,我们更容易发现棋盘视角所忽略的东西。更重要的是,我们要看到权力和相互依存、国家和人民、结构和机构、静态和动态是同时发生的。[12]

表3–1将棋盘与网络两个视角结合起来,从我们所看到的行为体的角度展示了世界的样子。我们假设行为体与环境隔绝,或与其他行为体相互联系,同时,我们也将人性的因素纳入了假设。

表3–1 棋盘与网络

	棋盘	网络
单位	国家	人
自然状态	分离	连接
分析焦点	静态平衡	动态流动
权力来源	个体属性	关系
主权	自治	参与
人性	自利	社会性
模态行为	交易	共享
行为机制	计算	适应
动机	激励	社会认同
身份	固定的	流动的
影响方式	强制	约定

这势必是一个神秘的表格，每一格都总结和简化了正在发生的学术争论。但它抓住了两种截然不同的看法，它们在观察世界和理解我们的所思所见上区别很大。正如"我的妻子和我的岳母"的认知错觉图一样，两个画面同时存在。从现代国家体系出现并越来越具体化，至今已有几个世纪，大多数研究全球政治、在世界旋涡中负责控制自己国家的人，通常只看到图中的一个画面。展望未来，我们必须学会立体地看问题，理解如何同时在两个世界有效运作，以实现我们期望的目标。

治国方略与治网方略

几个世纪以来，政治家一直在下棋，他们的战略的确形成了治国方略。杰出的外交家丹尼斯·罗斯认为，治国方略是"使用一国所拥有的资产或资源和工具（经济、军事、情报、媒体）去追逐自身利益并影响其他人的行为"。这些战略基本上是冲突战略，或者至少是竞争战略：下棋就是为了获胜。

然而，胜利都是有代价的。《冲突的战略》教会美国决策者如何跟苏联博弈，在不毁灭世界的情况下让美国博取更多的利益。在一个核世界里，有限冲突是可以接受的，但全面开战则不行。把军事家克劳塞维茨的名言反过来说，大国间的外交是另一种方式的战争。

大国之间的冲突战略仍然具有高度相关性。就更大范围而言，全球194个国家一直在通过各种方式相互竞争，力图在一个由物质和文化实力的特定分布所定义的世界中，以自治、独立的身份促进自身利益最大化。传统的治国方略依然有它的一席之地。

但当我们转向网络世界时，促进国家利益、实现全球目标的战略组合几乎是看不到的。我们知道如何联络国家组成联盟，对伊朗实施制裁，与伊朗政府谈判，以确保它不制造原子弹。但我们并不知道如何与伊朗人民建立商业、教育和社交网络，这些网络可以提供抵抗政府宣传的恢复力，或者建立合作的学术和研究网络，在两国发起新项目等。

对全世界人民来说，外交政策的标准路径是"连接和聚集"：开会、交流、创建工作组或任务组，或者最近的促进公私伙伴关系。但我们没有连接的策略，不知道谁与谁连接、怎么连接、在哪里及何时连接，从而实现具体的外交目标。这种网络策略可以像任何棋盘游戏那样微妙和复杂。它们需要被开发、研究、测试和完善。外交政策参与者同样需要精通治网方略。

这些网络策略比其他许多棋盘策略目光更长远。建立网络需要时间。但对这项工作付出的耐心和心思是会得到回报的。

想想美国长达几十年遏制苏联的战略。除了与别的国家建立联盟，美国政府和许多美国公民社会组织还为波兰团结工会、捷克斯洛伐克地下组织、民主德国的教堂团体等类似的组织提供支持和有恢复力的网络。这些网络出现了多年。甚至几十年，只有当机会出现时，它们才会积极参与国家政治。这些组织现在还在那里，它们秘密地支持反对派，并一直在悄悄地扩大行动。为反对派提供经费、信息和物质支援，并不像对另外一个国家实施制裁或威胁使用武力那样招摇。但从长时间看，这样反而更有效。

如果我们能够帮助创建这些网络，更多地学会构建和支持它们，使它们的恢复力、行动力和规模最大化，会出现什么结果？我们不是让它们出现或是希望它们会出现，而是要积极孕育并帮助它们成长。不是通过煽动反对派或私下给叛乱组织提供资金，像各国情报部门一直都在从事的工作那样，而是要形成一整套外交政策工具，在一个由某种特定连接模式塑造和驱动的世界里，实现促进利益和解决问题的目标。本书的后续章节将展现这些工具是如何被开发的。

第二部分
连接的战略

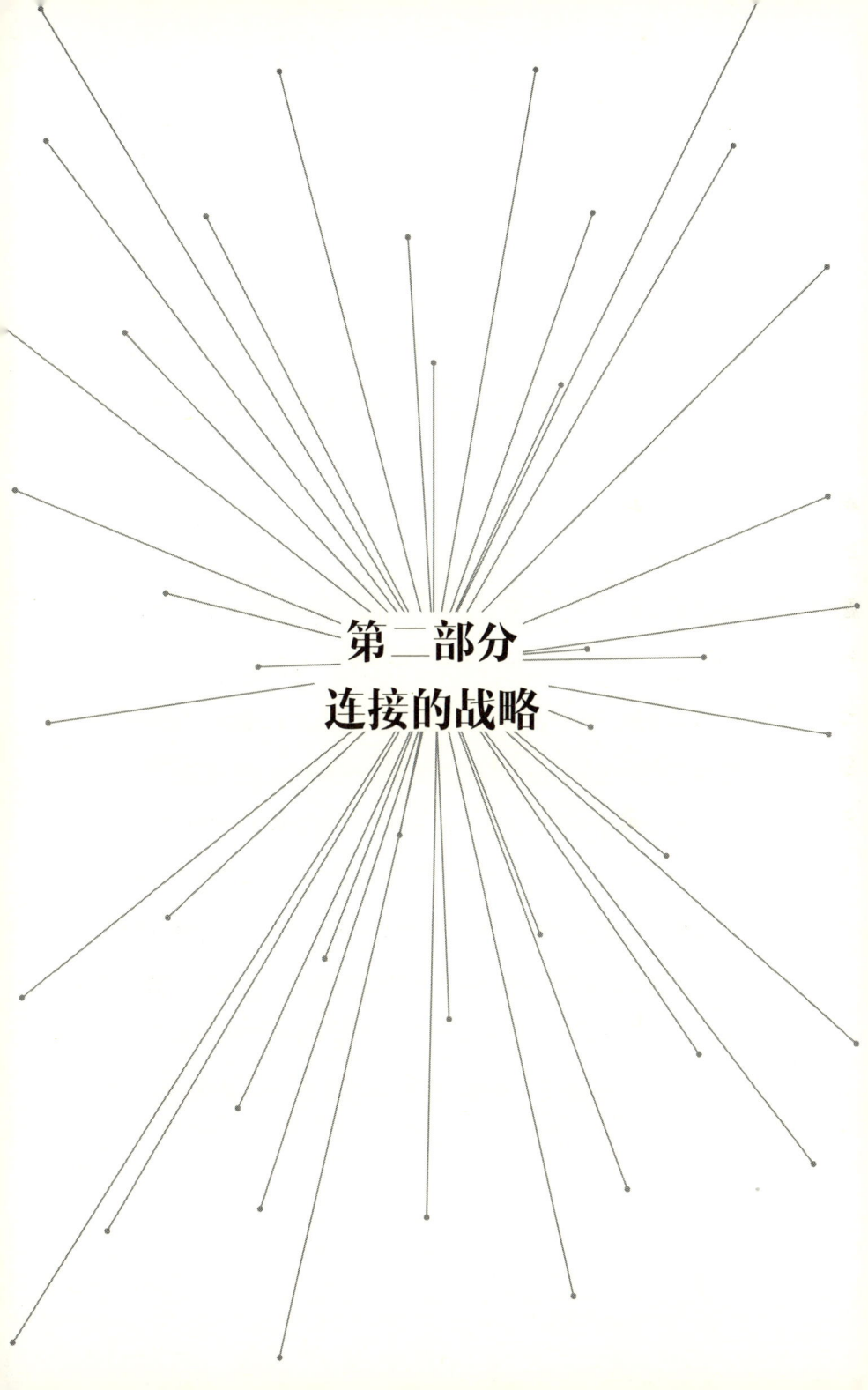

要开发一套可供外交政策制定者使用的工具——不仅包括政府官员，还包括公民、慈善机构和企业的领导人——从解决目前很难解决的问题开始是十分重要的。这些问题看似无穷无尽，正如防务专家朱莉安娜·史密斯指出的那样，美国正面临"一个全球与地区威胁相互交织的网络，其规模与复杂性都势不可当"。但把最棘手的问题分为三大类的做法很有帮助：恢复力问题，执行问题和规模问题。

恢复力问题包括避免和应对危机，无论这些危机是人为的、自然灾难的，还是二者兼而有之，从直接的军事攻击到地震再到饥荒。执行问题要求由明确的个人或组织执行一项或一组特定的任务，以实现一个具体的目标，如解决金融危机，履行和平条约，或者找到减少碳排放的新方法。最后，当问题的解决是在微观层面而非宏观层面时，规模问题应运而生。

类型学势必会程式化和简单化：任何重要的全球问题都可能存在恢复力、执行和规模这三个维度。分类不可避免地会划分出稍微武断的界限。例如，创建一个由致力于女童教育的非政府组织、政府机构和企业组成的规模网络，也可以被描述成执行一项长期任务。构建恢复力网络包括把大量小规模的网络连接形成一个较大的网络，这也使其成为一个规模网络。不过，我们总得找个地方开始！

我的论点的核心是，我们能够识别特定类型的网络，即恢复力网络、执行网络和规模网络，它们可以被创建、塑造和支持去解决各种类型的问题。在探讨这些分类之前，我想谈谈方法。"能被创建、塑造和支持"反映了我作为实干家和思想家的优势。我们将提炼第一章和第二章中学者的论述，研究人员、分析家和理论家利用定量、定性的方法去解释和预测自然与社会。但我们要把这些理论用来解决公共问题，如同一个工程师利用物理、化学和数学方法去解决工程问题。

这意味着我们将在网络理论和现实的网络实例之间不停切换。我将把形成恢复力、执行任务和规模化微观解决方案的理论，与每个类别中真正起作用的网络实例进行对接。得出的结果既不完全是演绎的，也不完全是归纳的，而是二者的混合。

我希望，随着时间的推移，对公共问题网络化解决方案的研究将催生政治学家唐纳德·斯托克斯提出的"受实际使用启发的基础研究"，他这个说法受到路易斯·巴斯德的启发，指对具体问题的研究推动了基础知识的进步。网络专家将与外交政策参与者和其他问题解决者合作，设计和创建他们将从中学习的网络，对理论和实践进行修正。如果这一期望过于宏大，我希望本书描写的网络类型与结构至少能作为进一步细化和研究的起点。

第四章
恢复力网络

　　气候变化引发日益增多的自然灾害，全球面临飓风、洪水和干旱等的侵袭，"恢复力"概念变得非常流行。为实现生态系统管理，西蒙·莱文和简·卢布琴科将恢复力与稳健性结合起来。他们将恢复力的概念泛化定义为拥有"两个关键方面：（1）对变化的抵抗力（以及灵活性，即一个系统可以从其参考状态中受到扰动的数量，而这种变化本质上是不可逆的）；更普遍的是，（2）系统的恢复能力"。[1]安德鲁·佐利在其关注人群和系统的《恢复力》一书中，提出了囊括生态学和社会学的定义："一个系统、企业或个人在面对急剧变化的环境时，保持其核心目标和完整性的能力。"[2]

　　将恢复力视作**能力**——在面临威胁和挑战时，个人、社群、系统或种群存活并蓬勃发展的能力——在外交政策中尤为重要。许多政府和非政府组织都在努力推动"能力建设"以应对低效无能的政府带来的大量问题。强化一个政权管理一个地区的能力，从征税到提供服务，也能增强其抵御内部民众抗议或外部势力颠覆的能力。洛克菲勒基金会主席朱迪斯·罗丹曾提出"弹性红利"的概念，这是一种良性循环，通过这种循环，社区、城市和组织建立能力，既可以防范可预见的危机，又可以从不可预测的危机中快速恢复。她认为，社会凝聚力和民众快速响应是恢复力的关键基础。[3]

自然系统恢复力的基本要素是多样性、模块化和冗余。这并不奇怪：想象一种可在人群中传播的病菌。多样性有助于确保一些人能够生存下来，即使另一些人死了。模块化相当于创造了一个防火屏障，因此，感染一个人并不会牵连所有人。而冗余意味着即使一个物种的成员大量死亡，就像飞机机翼上的许多铆钉崩开了一样，剩下的成员还是能完成其核心功能。

网络是恢复力研究的通用工具：网络的理论和术语为"描述许多复杂系统中信息、资源和行为的流动"提供了通用框架，包括"生物、经济和生态系统"。[4] 因其更难失效，网络也比等级制度更稳定。因此，建立恢复力要从基本的网络结构开始。

1964年，兰德公司的研究人员保罗·巴兰受命为美国政府设计一种可抵御核攻击的通信系统。正如网络理论家艾伯特-拉斯洛·巴拉巴西所述，巴兰提出了"三种可能的网络架构方案——集中式、去中心式和分布式"（如图4-1所示）。[5]我们也可以将其称为星形（A）、集线型（B）和网状（C）。[6]

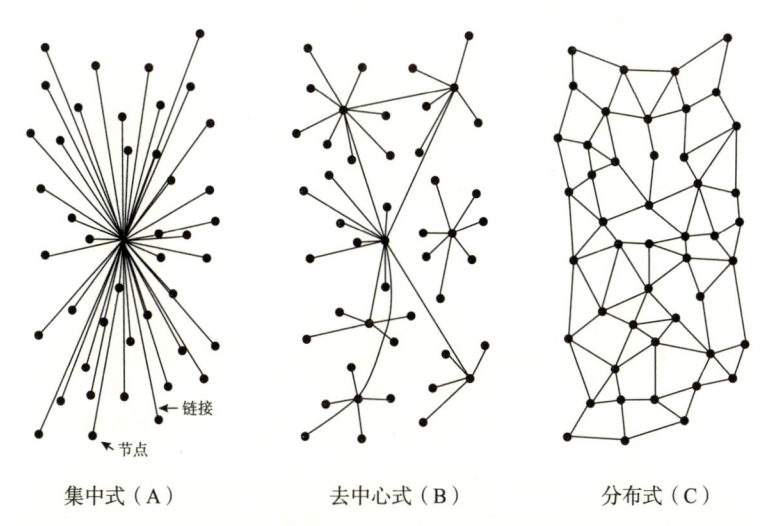

集中式（A）　　去中心式（B）　　分布式（C）

图4-1　巴兰提出的三种网络类型：集中式、去中心式和分布式。在三种类型中，分布式（网状）网络在受攻击或出现故障时最具恢复力。

显而易见，星形结构是恢复力最差的结构，而网状结构的恢复力最强。巴兰认为，只有分布式（网状）网络可以抵御核攻击，因为它是唯一没有中心枢纽的结构。尽管我们现在所称的互联网的网线、路由器和服务器等确实是从网状结构发展而来的，但当时他的提议被人们忽略了。正如我们看到的那样，网状网络在某些情境下是最具恢复力的，但它不能像另外两种网络那样对病毒或电子脉冲攻击进行集中封锁。

此外，分布式（网状）网络缺乏"集群的力量"，缺乏"密集分布的多样性"，一个城市或一片珊瑚礁正是利用这一力量才得以在不断变化的环境中生存下去的。[7] 并非所有的模块都是平等的：在理想情况下，集群结合了密集性和多样性，允许个人、团体和组织按需要改变亲疏远近和功能，以适应不断变化的环境。在健康的珊瑚礁系统中，各种鱼类和其他海洋生物在珊瑚礁生命周期的不同阶段扮演着不同角色。一个健康发展的城市会随着时空的潮起潮落，对社区组织、企业、政治团体、艺术文化社区和开发者进行整合重组。

在人类环境中，信任在恢复力系统被证明是至关重要的。[8] 当危机发生时，恢复力需要合作，合作需要基本的信任。反过来，信任需要人与人之间反复的互动，从而建立起一个社会资本资源库，支持那些相互了解、彼此喜欢的人自我组织形成群体和社团。[9] 一代代政治理论家和社会学家，从亚历克西斯·托克维尔到罗伯特·帕特南，都对社会资本和健康社会之间的关系进行了深刻思考。[10]

人际关系模式会通过各种方式增强或削弱恢复力，我们不可能把它们全部探讨一遍。但让我们从与外交政策挑战特别相关的恢复力网络的三个宽泛子类着手：防御网络、响应网络和稳定网络。在每个子类中，我们都可以确定一个基本结构，为政策制定者提供一个有用的起点。

防御网络

在乌克兰东部的冲突中，俄罗斯被认为实施了一种新型的混合战争形式，它派出身份难以确认为俄罗斯军队士兵的人员与乌克兰分裂分子并肩作战，试图颠覆乌克兰。俄罗斯在叙利亚内战中采取的策略与此类似：总统普京否认派遣了地面部队，但宣布数千名"志愿者"正前往叙利亚支持总统巴沙尔·阿萨德政府。战争通常是一个棋盘问题，但打击恐怖分子网络和其他非国家行为体——俄罗斯"志愿者"并非正式的国家行为体——要求国家安全机构具备网络思维。那么，如何建立一个可以抵御持续武装动乱的防御网络呢？

换个说法，考虑一下建立针对流行病毒（无论是实际的还是虚拟的）扩散的防御网络。计算机病毒与生物病毒的传播方式如出一辙。在这两种情境下，有时创建稳健的连接会导致整个网络的瘫痪。许多卫生医疗系统和互联网都是无标度网络，其特征并非节点和链接都是随机分布的对称连接，而是有几个相对主要的节点或中心枢纽，以及数千和数百万的小节点。巴拉巴西以美国州际公路图和航线图为类比：高速公路网是一个随机网络，各大城市（节点）都与两到三个主干高速公路链接；而航线系统是一个无标度网络，一些城市是主要枢纽，而其他城市只有少量航线穿过（如图4-2所示）。[11]

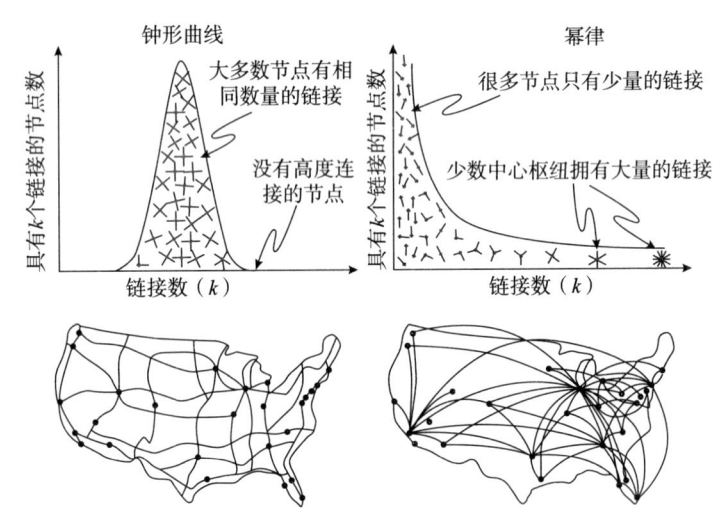

图4-2　在随机网络中，链接通常在节点间分布。在无标度网络中，少数中心枢纽拥有大量的链接，其余的中心枢纽只有少数链接。

无标度网络的枢纽结构足够坚固，可以抵御系统任何部分的随机故障，因为几乎总是可以找到另一条通往特定目的地的路径。如果到一个城市的道路被封闭，某个村庄或城镇的诊所关门，或者一条路被断开，就会有可用的另一条道路、诊所或线路实现连接。但另一方面，针对主要枢纽的蓄意攻击可能会迅速摧毁整个网络。[12]

因此,一个真正的防御网络必须看起来是一张网。在乌克兰东部,这可能于事无补。在那里,城市、城镇、村庄和连接它们的道路已经在几个世纪里形成了集中式而非分布式模式。战争总是关乎占领要地。但要为混合战争做准备,在混合战争中,军队不再需要跨越边界,只需要派遣小股特种部队渗透敌方领土,恢复力需要改变攻击目标,而不是直接对抗入侵者。运输、制造和守备网络必须尽可能均匀和广泛地分布,包括缩减飞机跑道和基地的规模,并将它们间隔分布。知识产业已经在朝这个方向发展了,因为电脑在哪里,工作人员就可以在哪里工作。通常只需要小规模的集中办公场所,并不需要大型的中央总部。

未来主义者常常预测超级城市化将面临这些问题。[13] 我们不可能抵制推动城市发展的经济力量,也不可能阻止中国等国家建立特大城市。分散国防资产也比创建中心枢纽的代价更高。但就像飓风"桑迪"之后纽约商界发现的那样,那些采取更分散劳动力的方式、允许员工灵活在家工作的公司,在危机中恢复力更强,效率更高。

网状防御不一定放之四海而皆准。但对于与强大而好斗的邻国接壤的乌克兰等国家来说,它们应该在边境建立这样的网络。现有的城市不可能被拆除，但可以在那里部署分布式的运输、军事和制造网。拥有混合身份的敌人可以控制小节点，但要控制整个区域或子区域要困难得多。想一想，就算大部分人都乘飞机出行，国家也要保持中小型公路的完整状态。

同样的策略也适用于病毒控制。一个典型的卫生医疗系统，包括大医院、小医院和诊所，就像一个航线系统。常规护理是在当地诊所完成的；小医院负责治疗较大疾病和常见的外科手术；大型城市教学型医院负责处理医生所说的"斑马病例"——需复杂诊断和专门研究的罕见疾病。[14] 来自全国和世界各地的患者经过本地和地区医生的转诊被送到这些"枢纽"医院。这一系统在正常情况下运行良好，在保证大量人群得到就医的同时，也确保了在大型教学型医院才可行的专业医疗技能的发展。但一旦出现埃博拉那样的致命病毒，这种系统的致命弱点就会暴露无遗。大医院中心会像主要的城市机场一样，成为传播点。

有效预防流行病需要一个专门为抗击传染病而设计的分布式诊所和医院网络，这些疾病可以通过体液或气溶胶形式在人与人之间传播。隔离传染病患者并提供防护设备，以确保护理人员的安全至关重要。即使在城市里，传染病医院也可以被隔离，要么配备自己的急救设施而成为医院的独立分支，要么作为单独的机构整体剥离出来。那些可能造成大规模伤亡的病毒或细菌，如重症急性呼吸综合征（SARS）和中东呼吸综合征（MERS）、甲型H1N1流感或其他致命的禽流感、埃博拉病毒、艾滋病，或其他热带病毒，必须通过这种平行的分布式系统进行治疗，这些系统会一直有效，或者会在病毒出现之时立刻被激活。对网络病毒的防护也在以同样的方式发展着。[15]

抛开当前的集线型系统，另起炉灶构建分布式医疗系统似乎也不大可能，至少我们难以承受其高昂的代价。但流行病正是21世纪人类面临的最严重的安全挑战之一，**因为**世界医疗体系已经变成由少数身处险境的中心节点连接构成的环环相扣的网络。在传染性疾病面前，这个系统在知识传播、经济增长和积极创新方面的巨大优势恰恰成为其最大的弱点。正如建筑物拥有备用电力系统以防停电一样，城市、地区和国家也必须建立备用系统，构建我们需要的恢复力。这种备用系统必须采用一种非常不同的网络组织形式。

美国国土安全部一直在探索建立分布式信息网以提升网络安全的价值。一年多来，美国联邦人事管理局声称有域外的黑客窃取了近2 200万美国人的个人信息，却未被发现。这表明OPM的网络防御技术是过时的，但这次入侵暴露了一个更大的问题，美国国土安全部副部长苏珊娜·斯波尔丁指出："对手利用了我们网络基础设施中的不对称性,尽管我们的系统和网络几乎做到了全球互联,但我们的防御能力并非如此。"[16]为解决这一问题,美国国土安全部正着手建立自动化的网络防御网,实时共享威胁信息和应对方法。这是一个"网络的网络",不仅连接联邦、州、地方机构和执法机构,也会将私营企业纳入其中,这些私营企业运营着全美大部分关键的基础设施。

这个网络防御系统的中枢是"国家网络安全和通信整合中心"(NCCIC)。其职责是通过搜集和共享公共和私人系统中的事故和漏洞信息,减少和降低美国国家关键数字和通信基础设施受到网络攻击的可能性和严重程度。[17]这些威胁信息会生成一个可视化的、实时更新的"网络气象图"。国家网络安全和通信整合中心还负责向联邦政府机构传播信息产品、服务和最新的被称为"爱因斯坦3A"的安全防护软件,建立一个网络"免疫系统"。[18]

用生理学来做比喻很有意思。从信息的角度看,传感器越多、与他人的连接越多,效果越好。更多的连接意味着更强的恢复力,因为在局部发生故障的情况下,我们还有更多其他可选路径。但从病理学角度看,则是联系越少越好。就像败血症或毒素在血液中迅速扩散,需要截掉受感染的四肢一样。而解决问题的诀窍就在于,根据特定系统的需求,在分布式和模块化、更多和更少的连接之间找到最优平衡。

再将视线转到伊朗的博客圈,那是一个充满活力和多样性的讨论空间,充斥着各种政治评论,伊朗政府坚决予以清理但仍难以根除。哈佛大学的两名研究人员绘制了一个由6万个博客组成的网络,这个网络由20个无中心枢纽的子社群组成。研究人员认为,正是这种去中心化的离散结构使其生存下来,他们写道,"博客圈点对点的架构比轮辐模式的传统大众媒体结构更不容易被国家捕获或控制"。[19]

再看看另一个压抑的社会环境,2011年埃及革命成功地推翻了穆巴拉克政权,正是因为反政府组织网络具备分散和并行的特点。抗议者占领了网络社交媒体这一虚拟空间,也占领了塔利尔广场这一物理空间。示威游行初期,政府试图通过屏蔽手机信号和封锁全国93%的互联网流量来破坏反政府人员的通信网络。因此,他们通过更传统的网络进行通信:固定电话、业余无线电和拨号上网。这种多样性使该运动能够抵抗政权的攻击。[20]

到目前为止,我用"防御"来表示短时间内对直接攻击的防御。气候变化、资源短缺或急剧的人口变化等更长期的威胁,也需要增强恢复力。在这方面,有效的响应和恢复需要不同类型的网络。

响应网络

面对大规模突发事件或突发灾难，恢复力与应对能力和准备工作同样重要。建立分布式防御网络，即在威胁出现时可以被激活的平行网络，本身就是对预期危险的一种响应。但在紧急情况下，尤其是在地震或飓风那样的局部灾难发生时，即时的响应网络对减少死亡和向有需要的人提供援助至关重要。[21]

在自然灾害或像"9·11"恐怖袭击事件，或最近的巴黎、巴马科、雅加达、布鲁塞尔、伊斯坦布尔和其他地方发生的恐怖袭击事件中，最紧迫的需求是获取信息。身处打击区的人们需要知道发生了什么，要去哪里，如何申请救援并得到帮助。急救人员需要知道去哪里营救受害者，以及如何保证自身安全。隔离区内外的人们都想知道他们的家人和其他亲人的最新情况。灾害援助组织，无论是政府机构还是民间组织，都需要知道急需援助的地区和到达那里的最佳路径。[22] 中央政府需要信息来安抚和稳定公众情绪，并与其他政府和国际组织沟通。普通市民也想知道他们该如何伸出援手。

一个快速、准确、有效的信息网络是什么样的？它需要整合情报员、聚合器和管理者。情报员基本上就是该地区有手机的任何人。聚合器是指能够汇聚多个来源信息流并实时集成内容的人和设备，过滤信息提高其准确性。聚合器收集来自大众的信息，层层向上报告，绘制出一幅灾难地形图。如果两份关于火灾、建筑物倒塌或桥梁损毁的报告相互矛盾，那么两份报告都是可疑的。但如果有10份可能含有受灾地点图片的报告，一份精确的地图就出现了。

管理者决定哪些信息应该向外传播，向救援者、受害者、家属和公众公布。管理者必须具备应对灾难和使用新型社交媒体提供的各种内容管理工具的经验。社交媒体平台 Storify 就是一个例子，"推特时刻"（Twitter Moments）也是一个很好的例证，在那里，编辑们将成千上万条推特消息或其他社交媒体的帖子整合到一起。管理者需要一种关键的能力来筛选夸张的内容并坚持来源多样性，同时要了解不同受众需要什么样的信息，以及如何更好地呈现这些信息。所有这些听起来都不像典型的政府职能（即使对联邦应急管理局的雇员来说也是如此），但这些职能在危机处理中是必不可少的。

这样的网络必须包含尽可能多的受影响地区的居民，他们将作为小型节点成为最初的情报员。这个网络还必须有一个中心节点，一个接收所有信息的情报中心。然而，一个简单的星形模型效率太低了。想象一下，如果所有关于世贸中心恐袭事件的信息都必须通过华盛顿的一个指挥中心传送，那么该中心将同时处理来自五角大楼袭击、93号航班坠机宾夕法尼亚州的目击者，以及全美惊慌失措的民众上传的信息和质询的问题。纽约需要自己的中央指挥节点，事实上，整个城市的消防队和警察局也应成为节点。

应对方案是一个改进的集线型网络，我们称它为模块化分层网络。这样的网络有一个中心节点，它与下一层级处于中心地位的节点相连（如图4-3所示）。

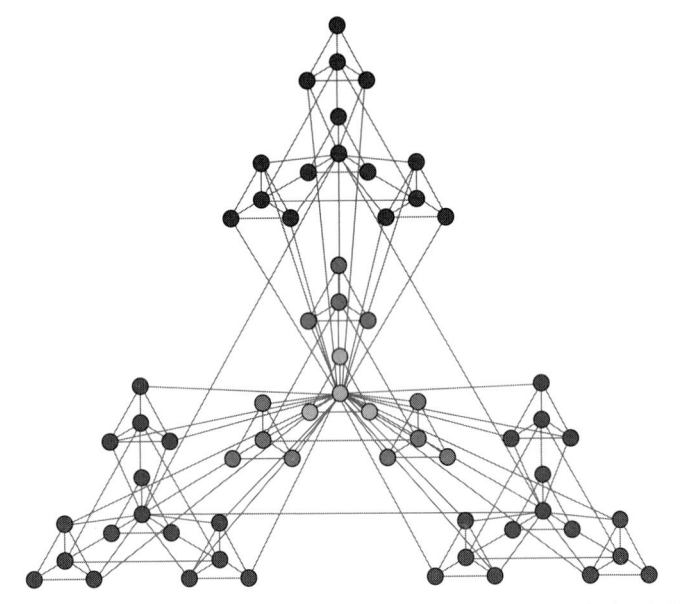

图4-3 模块化分层网络：一个中心节点与下一层级处于中心的节点相连。每个节点都相连，但各有分工。

每个中心节点不仅连接着本区域的所有其他节点，它们也彼此连接。这种程度的集成意味着，信息会实时流向子网的每个节点，就像一座倒塌大楼里的人不仅可以立即呼叫子系统中的灾难响应中心，也可以向最近的消防队、警车或有铁锹的邻居求救。与此同时，这些信息也在流向本地聚合器和管理者，在向上一级节点传送信息前，聚合器和管理者会对信息进行汇总、整理和过滤。

对响应网络的设计者来说，下一个问题是连接**哪些人**。政府与非政府组织，如无国界医生、关怀组织、乐施会等全球和国内非政府组织密切合作的大量案例，不断证明了这种危机响应方式的有效性。拥有全球与本地供应链和员工的企业也能提供宝贵的网络和资源。谷歌和推特等科技公司在海地地震和日本地震、海啸和核辐射三重灾难中发挥了重要作用，充当了应急通信系统，并开发了谷歌在线寻人工具 Person Finder 和大数据分析平台 Palantir Gotham 等工具。[23]

海地地震发生后不久，美国国务院立即与电信运营商联系，创建了一个短号码服务——用简短的电话号码打电话或发信息，任何海地居民都能通过它来通信。随后，一个非营利应急响应机构的编码团队在海地搭建基础设施，接收发给短号码的信息，并将其转发到开源报警平台 Ushahidi——最初于

2007年肯尼亚选举失败后为查明选举舞弊和相关暴力行为而开发的平台。塔夫茨大学的一组志愿者使用Ushahidi制作了一张地图，记录了被困海地、身处险境的幸存者发出的求救信号。他们的坐标被传递给联合国救援人员、美国海岸警卫队，以及海军陆战队在塔夫茨的一个联络点。正如作家、全球趋势顾问安德鲁·佐利描述的那样，许多不同的群体——"部落、网络和团队"——自发形成"使命4636"（Mission 4636）。他还强调从一线到救援参与者之间短反馈环的价值，让他们知道什么是有效的，什么是无效的，并加强承诺和保持士气。[24]

海地等地的经验告诉我们，危机管理策划者应事先建立一个层级分明的模块化网络，将政府、非政府组织和商业部门的中心节点连接起来。他们应预备并公布重大灾难响应号码，如911或311等，让市民知道向哪里发送信息。与此同时，中心节点的人员必须做好准备，从社交媒体、广播电台和常规的国家、地方和地区新闻媒体中收集、公布信息。网络的结构和主要参与者可以提前确定，但规划者必须预料到灾难的流动性，这让人想起克劳塞维茨的"战争迷雾"。他们应准备好从每一个可能的来源中筛选信息。只要有渠道和管理，公众参与得越多效果越好。类似地，必须将备份恢复力构建到系统本身，以确保在扩展或更中心层次结构中的相邻节点可以相互补充支持。

面对一场重大灾难的混乱局面,这种响应网络模型看起来过于有条不紊,因而令人怀疑其是否能发挥效用。但是,提前准备的确可以挽救生命,安抚恐慌。准备好让人们相互联系非常重要,我们正在帮助他们做他们想做的事情。凯里·斯蒂芬斯和帕蒂·马隆在《危机传播手册》中认为,处在危机中的人们"很可能会寻找有类似经历和体验的人";社交媒体和其他大众渠道意味着"受害者和其他公众现在可以相互寻求虚拟信息和情感上的支持"。[25]

因此,网络理论允许我们利用自然社群的响应措施,为那些需要帮助的人提供有效的信息流动服务,并向所有需要帮助的公民提供帮助。回顾第二章的内容,网络密度——节点连接的紧密程度——的好坏取决于目标是什么。发展学者、顾问本·拉马林加姆也观察到,一场灾难留下的"制度真空"会立即被非正式的家庭和朋友的网络填补上。他的研究表明,"事实上,一个密集的、扁平的、基于亲戚关系的网络比一个稀疏的、多样化的网络更能发挥支撑作用"。[26] 伦敦大学学院城市领导力倡议将这些网络称为"非正式治理体系",并与红十字会和世界银行合作在尼泊尔和日本展开研究,以更好地了解这些网络在危机中如何发挥作用。[27] 及时响应应侧重于加强这些网络的建设。

稳定网络

回顾一下本章开头有关恢复力的定义：一个系统在面对干扰时的抵抗力及恢复能力。稳定网络是可恢复的网络，是将受影响的人口、生态系统或社区恢复到受攻击或受灾前的状态，甚至是比之前更好的状态。从防止危机或攻击再次发生的角度看，恢复力网络也可以是防御网络。它们通常可以被视为"加强网络"，将连接的类型和模式置于适当的位置，让脆弱的局势稳定下来，并增强系统实现其目标的能力。

正如外交官和发展专业人士认识到的那样，稳定和支持网络是国家建设的一种形式。"重建和稳定"是美国军事术语，意思是"赢得和平"。就算没有战争，世界上许多政府也需要向公民提供基础服务：安全保卫、医疗保健、教育、基础设施和经济机会。提升"治理"和"能力建设"是对外援助的既定范畴。然而，网络理论的经验表明，我们过于关注我们正在提供的援助——执行行政任务所需的知识和技能的转移，而对我们正要建立的关系重视不够。

稳定网络应在政府和公民社会两个层面上运作，因为强有力的自治对两者都需要。集线型网络和网状网络都提供了可能的解决方案。在这种情况下，集线型网络的每个中心都可以被视为一个模块，就像模块化分层响应网络中的子组，或者更确切地说，像一个豆荚——一个能够建立紧密关系的小组。这些豆荚网络可能更适合加强特定的政府能力，但是，就像私人教练告诉你"局部瘦身"的减肥方式是不可能的一样，局部加强也很难实现，除非它作为一个规模更大的训练课程的一部分。编织一个更广泛和更分散、连接更多人和社区的网络，在社会和经济领域意义重大，特别是在一个需要整合不同种族、宗教或族群的分裂的社会中。

这些网络的稳定来自人与人连接的力量。网络参与对成员的影响根植于与他人产生联系并被视为同伴的基本人类需求。[28]回忆一下"社会人"的概念。法律学者鲁蒂·泰特尔认为："集体生活的意愿很可能是人类天性中固有的。"[29]在《社会动物》一书中，记者戴维·布鲁克斯探究了人类群居性的神经科学和生物学基础。[30]

这种连接可以更为系统地被建立和引导。试将恢复力网络视为一个马戏团演员下面的安全网。我们可以让它们变得更结实，更宽，更有弹性。我们可以改变它们的编织模式，使它们比直连网更坚固。这样不仅能增强恢复力，而且至少能增加社会经济生活的活跃度。

将集群转换为"社团"

由于饱受战争的困扰,加之政府机能失调,乌克兰需要一套稳定和援助网络,就像柏林墙倒塌后欧洲和美国在东欧和中欧地区建立的网络那样。当时的一个例子是美国律师协会的"中欧和东欧法律倡议"(CEELI),它培训了数以万计的律师、法官和其他法律官员,以满足法治的要求。不过,不管建议有多好,一次性接触都不会起作用。在柏林墙倒塌后的最初几年里,美国的许多援助项目遭到严厉批评,被指依赖于不熟悉本国情况的外来顾问,他们用两个星期的时间提供专业知识,然后就离开了。

最好是建立一个更长期的专业协会,这可以通过建立专业网络来实现。社会心理学家和研究人员发现,面对面的交流可以增进合作。在涉及数千个实验对象的一百多次社会困境实验中,即使参与者不喜欢彼此,只要让他们进行面对面交流,参与者之间的合作也会翻倍。[31] 反复接触或"单纯曝光",会随着时间的推移增加人们彼此喜爱的程度,至少总体上是这样的。[32]

帮助政府官员——法官、立法者、监管机构和官僚——的最好的办法,就是让他们参与到对等体组中,这样既能产生归属感，也能产生同辈压力。正如蒂娜·罗森伯格在《加入俱乐部》一书中写的那样，对等体组的建立传播了革命，教会了高中生代数，并大大降低了南非艾滋病的发病率。[33] 有知识的同伴可以根据需要提供支持和帮助。想要和那些同伴保持一致并让他们对你赞赏有加的渴望也会让你对自己的职业行为产生更高的期望。

这些对父母来说都不是新鲜事。调查显示，家长对孩子的影响远小于孩子的朋友对他们产生的影响。[34] 对网络的研究告诉我们，这些对等体组联系带来的影响远不限于其中的个人，记住，我们朋友的朋友的朋友的选择和行为也会影响我们自己。将这一观点应用到稳定的网络中，意味着一个对等体组中持续的关系不仅会影响直接参与的领导者，也会影响他们的同事。

对等体组网络的最佳结构是刚刚讨论过的豆荚形式，是集线型网络的一种变体。但有效的响应网络需要一个模块化的分层结构，子网络（一个模块）中每个成员都可以连接到一个中心，每个中心又被连接到整个网络的中央聚合器上，豆荚稳定网络需要不同的修正调节。关键是确保中心节点的每个"分支"都相互连通，将集群变成豆荚。这些交叉连接的密度、活力以及与更大网络的连接将带来不同的作用。重要的是，每个豆荚内的成员都认为他们会进行重复互动。[35] 这就是社会物理学。麻省理工学院人类动力学实验室的研究表明，直接互动的频率可以准确预测"信任的共享度和同辈压力的有效性"。[36]

假设乌克兰新任财政部长及其手下高官被整合进一个约 10 个人组成的豆荚网络中，其成员包括欧盟财政部长、美国财政副部长，也许还有来自加拿大、日本或澳大利亚的官员。乌克兰司法部长同时也是类似国际司法部长网络的一个成员。他们将相互连接，每年在全球和地区会议期间会晤两到三次。每个豆荚网络或子网络也将连接到集线型网络的中心节点。这个中心节点至关重要，它必须涵盖欧盟和美国的外交和发展部长、联合国秘书长及其他关心乌克兰稳定和加强政府管理的重要国家或地区组织的代表。

然而，豆荚网络成功的关键在于任命一位德高望重的人物，也许是前财政部长或央行行长，担任社团领导人。同辈压力只会在成员相互充分接触，关心彼此意见的群体中起作用。另一种社会物理学公理是，群体成员之间的直接互动数量是对内部是否会采纳并维持合作的一个"非常好的衡量标准"。[37]

当政府需要稳定时，对于那些被要求提供支持的政府官员来说，信任也是十分必要的。领导者并不是有名无实的傀儡，他或她必须愿意激发团队持续不断的活力。领导者可以不断发送网络探测请求来触发信息交换，连接两人或三人组成员来解决特定问题，在私营和民间部门进行有价值的宣介，并促进定期召开会议。领导者必须明白，激发、构建人际关系，策划团队活动是一项实实在在的工作，应该得到相应的补偿。

豆荚稳定网络不应局限于政府官员。同样重要的是，政府可以提供便利的民间网络。2010年，美国国务院启动了一项"全球企业家计划"，旨在识别并培训中东和其他地区有前途的企业家，并将他们与融资网络、导师、市场准入联系人和支持网络联系起来，建立一个模仿硅谷的"创业生态系统"。[38] 该计划在埃及和北非开了个好头，但从未得到传统外交官的全面资助或支持。如果我们真的想帮助渴望拥有不同未来的乌克兰年轻人，我们需要让尽可能多的人去创新，为彼此创造就业机会，遵循我们与国家领导者共同使用的持续接触和建设关系的原则。

构建公民网络

连接本身并不一定是件好事。例如有组织的犯罪网络、为各类人服务的间谍和线人网络。因此，高连通性既能产生积极平衡，也能导致消极平衡。邓肯·瓦茨描述了高连通性网络如何确保稳定性,"高度联通的网络禁止大量涌现的"破坏行为,因为"它们被锁定在一种停滞状态中,每个节点限制来自其他节点的影响,同时也自我约束"。[39] 另一方面,网络理论家也指出,在适当的情况下,增加连通性会增加网络成员选择合作行为的可能性。[40] 出于正确目的把合适的成员联系起来,至少有可能从消极的合作平衡转变为积极的合作平衡,构建公民网络来打击犯罪网络。

此外,公民网络类型越多元、层次越清晰,就越强大,越具有恢复力。在对宾夕法尼亚州的阿伦敦和俄亥俄州的扬斯敦这两个因遭遇同样的经济危机而造成制造业衰落的铁锈地带城镇进行比较研究时,组织理论家肖恩·萨福德撰文证实,不同类型的社交和公民网络产生了不同程度的信任和合作。阿伦敦快速恢复而扬斯敦苦苦支撑的主要原因不是公民网络的存在,两个小镇都有连接商业领袖、社会俱乐部、艺术和文化机构以及慈善机构的市政基础设施。被连接起来的人群和组织的多样性,就像生物生态系统中汇集的各种基因和有机体一样,在面对自然或人为威胁时为网络提供了更强的恢复力。在扬斯敦,经济网络和公民网络很大程度上是重叠的,因此,全球化浪潮和技术转型都给它带来重大打击。而在阿伦敦,这两个网络在关键节点相交,但交集有限,在当地的经济领导地位被摧毁时，其他公民领袖可以连接"在面对地区危机时需要合作的关键支持者"。[41]

当钢铁行业开始衰败时，花园俱乐部无法挽救扬斯敦，因为该俱乐部的成员大多是钢铁工业衰落时陷入困境的商业精英的妻子。但在阿伦敦，该地区最重要的商业领袖——伯利恒钢铁公司的负责人，将其公民活动集中在名为"童子军"的董事会上，它是一个"跨阶层的组织"，能将更广泛的公民领袖连接起来。这两个城市的故事可以总结为一个主要教训："重建成熟工业区的关键，在于是否以及如何重新建立公民参与的组织结构。"[42]

要牢记强联系与弱联系的相对优势。在扬斯敦，联系**过于**紧密，强化了一种集体观点，造成了停滞。相比之下，阿伦敦的公民网络的人际连接多于资本连接，将更多不同的群体编织在一起，展示了"弱联系的力量"。[43]

当富裕的发达国家政府考虑帮助较贫穷、欠发达国家实现稳定时，它们通常会采取派遣驻外咨询师、顾问和同业人员的办法。但是，挖掘公民精神——改善个人处境的基本人类愿望——可以从任何地方开始。因此，稳定网络可以通过将人们聚集到另一个社团中来建立。一国政府可能是脆弱的，按照西方标准，其公民社会也是脆弱的，但是世界各地的人们可以共享各种社会关系——职业兴趣、爱好、教育背景、宗教场所、慈善机构和运动队。

这些从属网络是社交网络的"基础"。在整个社会建立恢复力网络的战略可以从搜索从属网络开始,这些社会资本宝库可以被动员成公民资本。接下来是在这些不同的网络之间创建"快捷链接",以创建一个小世界网络,它允许在未连接的群组和组织之间快速移动。[44]在一个健康、具有恢复力的社会中,这些不同的社会和公民网络要包括商业和政治领导人,或者在关键节点与商业和政治网络相交。在一个脆弱的社会里,罪犯、家庭和权威网络往往在精英阶层占据主导地位,因此,最初的关注点应该是构建反网络。

最后,网络设计者——公民网络的构建者,可以借鉴结构平衡的概念,即朋友群比敌人群更稳定的原则。更具体地说,三人关系中,两个朋友之间相互连接、第三个人是他们共同敌人的结构,要比两个互不喜欢对方的人相互连接,第三个人是其中一人的朋友的结构更稳定(如图 4-4 所示)。[45]国际关系理论家泽夫·毛兹发现,当存在关系失衡或违反结构平衡的状态时,更高层次的冲突就会出现。[46]这些原则对于在有着严重分歧的社会中创建网络可能非常有用。

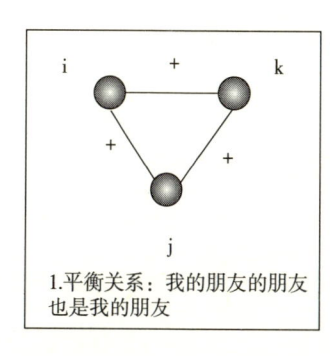

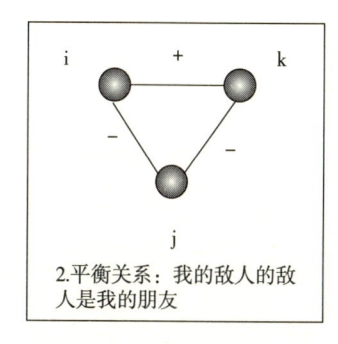

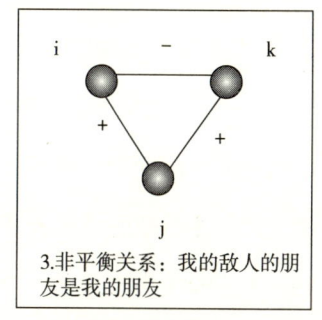

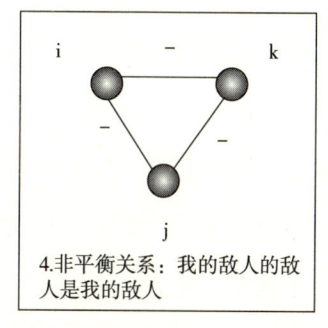

1.平衡关系：我的朋友的朋友也是我的朋友

2.平衡关系：我的敌人的敌人是我的朋友

3.非平衡关系：我的敌人的朋友是我的朋友

4.非平衡关系：我的敌人的敌人是我的敌人

图4-4 平衡和不平衡的敌对关系。加号表示这两个节点是朋友，减号表示两者是敌人。前两种情况（1和2），节点i、j、k之间的关系是稳定的：在情况1中，所有节点都是朋友；在情况2中，i和k是朋友，他们都不喜欢j。图中下方的两种连接是不稳定的：在情况3中，节点k和i都喜欢j，但彼此不喜欢；在情况4中，三者都不是朋友。在后两种情况下，网络无法维持平衡。

这里需要适度的谦逊。网络工程与一般的社会工程一样，可能会造成意想不到的后果，甚至是灾难。但我们有了新工具，可以更精确、更动态地绘制现有网络，这使得我们有可能支持和构建现有的民间储备网络，而不用试图去引进或从零开始。此外，正如莫伊塞斯·纳伊姆所说，许多非法网络都有合法的部分。[47]努力寻找并连接正确节点是值得的。

网状网络中的经济潜力

一个健康的公民网络也可以成为一个充满活力的经济网络。戴上你玫瑰色的眼镜，只用一秒，想象一下城镇里基于社会和公民网络的蓬勃发展的网状经济。在其2010年出版的《聚联网》一书中，丽莎·甘斯基描绘了一种全新的商业模式，它基于"网络支持的分享——用户拥有使用权而非所有权。其核心策略是多次'卖出'相同的产品"。甘斯基的书写成于优步、来福车、爱彼迎、任务兔（Task Rabbit）出现之前，今天的"共享经济"也被称为零工经济或众筹资本主义，它标志着我们在创造、提供、利用和思考所有权方式方面面临着巨大的转变。但甘斯基同时强调了共享经济的另一方面，即它与脆弱社区特别相关。

她将基于共享特定商品的商业模式称为"聚联网商业"，因为"网状网络允许任何节点在任何方向与系统中的任何其他节点连接。每个部分都与其他部分相连，它们相互推动"。[48]有关汽车、房间、服务提供商、可能的日期或其他任何事务的信息，也通过社交网络的聚联网进行传递。[49]此外，她所关注的"聚联网商业"提供了"可共享的实体商品,包括使用的材料,这使得**当地**的服务和产品的递送及回收更具价值和相关性"。[50] 共享汽车、自行车、房间、衣服、工具和财产,有助于重构实体社区:一个社区、一个城镇、一个城市或一个地区。在经济疲软和政府管理不力的地区,要让当地企业家通过租赁其拥有的商品来获利,就需要同时组织或再组织一个公民和经济的网络。[51]

同样重要的是,网状经济通过社会信任进行运作。网的规模越大,收益越高,但这个网通过社交网络来扩展——亲友之间的口碑传播。[52] 因此,网状企业的企业家有充分的动机,不仅要建立一个客户群,而且要建立一个消费者相互交流和分享信息的社群。这些信息还能让商品和服务的供应商为个人客户定制产品,进一步建立信任。甘斯基描述了成功的网状企业如何创造"信任的良性循环",这印证了弗朗西斯·福山关于在经济**和**联系紧密的社会中信任如何增长和传播的观点。[53]

很多地方都可能出问题。同样,联系的渠道往往成为腐败或压迫的通路。但任何拥有手机的人都可以运营共享平台。此外,有魄力的人可以以多重消费为目的购买商品。重点不是提供经济的万灵药,而是指出共享经济的强大力量在于底层网络的结构和通信流的类型,这种力量在甘斯基等人首次研究后就全面开花。这是一种具有恢复力的结构。

第四章
恢复力网络

→083

建立恢复力

想想看,有多少全球性问题根植于脆弱性:脆弱的生态系统、脆弱的政府、脆弱的经济、脆弱的社会结构。建立恢复力至关重要,无论是为了扭转消极趋势,还是为了在无法避免坏事发生时得以恢复。然而,从棋盘的视角看,建立恢复力的策略是反常的:它们是预防性、临时性或补救性的。它们并不意味着以任何可衡量的或持续的方式赢得胜利。

网络的视角则不同。创造、保持和加强恢复力,是在构建并加强内部和跨国积极人际关系网络。一个很好的例子是欧盟候选成员国资格:欧盟候选成员国的官员被吸纳进欧盟辖下各领域的庞大官方网络中。其他地区组织可以借鉴欧洲的做法,但前提是它们至少要做好准备把成员资格的要求附加在区域小组身上。

最重要的是,我们现在可以将特定网络与特定问题联系起来。我们可以利用有着特别设计和管理结构的防御网络、响应网络和稳定网络来建立恢复力。我们可以将足够的资源和注意力投入这些网络,使其发挥作用。地缘政治学者可能对此嗤之以鼻。但一些政策制定者正在迎头赶上:《巴黎协定》的决定要求任命两名高级别"盟主",协调由城市、非政府组织和企业等"非党派利益相关方"组成的网络,以寻求应对气候变化的补充措施。[54] 如果让前部长和德高望重的长者成为网络领袖,听起来更像是夏令营,那么考虑一下,与实施制裁和发动战争相比,这些投资是多么便宜啊。

建立恢复力也是比国家建设这种宏伟计划更温和、更容易实现的目标。我们的目标是支持那些想要建设自己国家的人,让他们在意志消沉和周期性的绝望面前能够重整旗鼓。以最可能有效的形式提供这种支持,这需要的精力和技巧不亚于一项和平协议谈判或建立一个外交联盟。

第五章
任务网络

恢复力网络的目标是加强、深化、应对、响应、恢复、稳定和协助。顾名思义，任务网络是为完成更精准、有时间要求的任务而建立的。例如，斯坦利·麦克里斯特尔将军及其合著者在《赋能》一书中，描述了他们如何将一个等级分明的军事指挥体系变成一个在伊拉克战场负责打击基地组织的任务型网络。任务很明确，即使执行的最好的方法并不是那么清晰。以协作网络形式出现的网络，就是按小团队来组建的。[1]

像恢复力网络一样，任务网络可以具有不同的结构和属性，例如集成的程度和聚类的性质。专用术语可能会很棘手，许多理论家和观察家对合作（cooperation）与协作（collaboration）不做区分，理由很充分，因为这二者不是相互排斥的。合作网络可以成为协作网络；协作网络肯定需要合作，但程度更深；创新网络几乎总是离不开合作与协作。理解如何有效利用网络，意味着理解何时创建、深化或释放节点之间的关系，以影响信息和观点的流动。² 这些关系有许多名称，并且一直在演变；类型学的价值是创建概念类别，为需要创建定制网络的用户提供实用性的出发点。

我根据相关个人和团体的初始偏好来区分任务网络。即使每个类别最终会陷入其他类别，设计一个主要用于合作、协作或创新的网络还是有可能的。反过来，这个出发点又取决于项目开始时能否很好地明确任务。

- 合作网络是一个由个人组成的链接群体，其中每个人按规定方式共同完成规定任务。
- 协作网络是一个由个人组成的链接群体，大家共同找到最佳方案去完成预先设定且自身会演变的任务。
- 创新网络是一个由个人组成的链接群体，每个人都为设定好的总体目标服务，提出新想法，流程和/或产品。³

让我们一一进行分析！

合作网络

社会科学中的经典合作问题是囚徒的困境，将竞争激励转化为合作行为的经典策略就是"一报还一报"，这是曾经赢得罗伯特·阿克塞尔罗德著名的 1980 年囚徒的困境竞赛的一名参与者使用的策略。[4] 从个人角度看，每个参与者的最佳策略都是背叛，但如果他们都采取这一策略，最后的结果会比合作更糟糕。"一报还一报"在参与者数量有限的博弈中表现得很好——比如美国和苏联。但如何让它适应拥有潜在的无限数量的参与者的网络世界？

囚徒的困境的力量在于，它能够抓住集体行动问题的本质，即个人激励与公共利益相冲突。这是公地的悲剧：牧羊人都知道他们需要公共的放牧空间，以确保羊一直有草可吃，他们不能一直同时放牧。然而，除非有一种方式确保每个人能轮流使用这个空间，否则个人就没有动机去克制放牧的冲动。

公地悲剧的合理解决方案是利维坦——一个能强行要求合理利用资源并惩罚违反者的强大政府。但诺贝尔奖得主埃莉诺·奥斯特罗姆的研究却表明，现实世界的事实完全相反。她发现，在数百个公共资源池中，如灌溉系统，农民自己要比政府管理得更好。[5]在现实世界中，农民会相互沟通。囚徒的困境的理性行为假设，只有当各方不认识且不能沟通时才成立。当参与者相互联系后，他们会组建治理机构，解决争端，防止资源被过度使用，并从公共资源池中生产更多的产品。

正如我们在第一章看到的那样，整整一代杰出的政治学家都在研究如何将这些见解用在国际制度的建立上，在简单而有力的前提下——如果合作成本可以降到足够低，拥有共同利益的国家将合作以互利。网络理论可以通过任何谈判桌完成关键改进。它还向我们展示了如何通过构造不同类型的连接/非连接群体来提高合作程度，这取决于各群体成员是否愿意合作。

对手间的合作

考虑一下对某些问题的网络视角，如中国与中国南海邻国、伊朗与邻国、委内瑞拉与加勒比海邻国间的冲突等。在棋盘世界中，国与国要么是盟友，要么是敌人，要么保持中立。各国政府确定国家利益并实施对应的战略，当这些利益和战略与他国发生冲突时，两国就形成了敌对关系。[6]

这个框架过度简化了政府间的实际交互。当我在美国国务院担任政策规划主任时，我的办公室与中国同行一起组织了"中美战略与经济对话"。美国国务卿克林顿和财政部长蒂莫西·盖特纳率领10位美国政府机构代表在北京与中国同行会晤。很多机构,如美国卫生和公众服务部与核管理委员会,认为中国同行在共同抵御疾病或防止环境恶化领域是必要的盟友。即使在两国军队中,双方许多高层官员都共同高度关注防范海空突发紧急事件,或者在最坏的情况下防止事件升级等问题。

除了两国政府,当然还有很多公民希望把敌意变成善意——至少要有好的业务往来!家庭、商人、学生、科学家、活动家、艺术家、运动员、企业家和许多其他团体可以成为更广泛合作网络中的节点。政府也转向人文外交——通常被称为公共外交,这促进了各种教育、艺术和文化的交流,传播了积极信息,吸引外国公众进行对话,甚至展开激烈的辩论。这些交流已经产生了许多有价值的关系,但这是一种极其随机的方式,在危机中很难被追踪或使用。

一种更系统的方法是利用政府内部和社会各阶层的网络行为者,将重点放在在不信任的海洋中建立合作之岛。重复博弈的研究——对"一报还一报"战略的研究——已经表明,如果主要参与者相互认识并积极参与,他们将变得更有耐心,更有可能在一段时间内保持合作。产生这种合作的网络结构如图5-1所示。

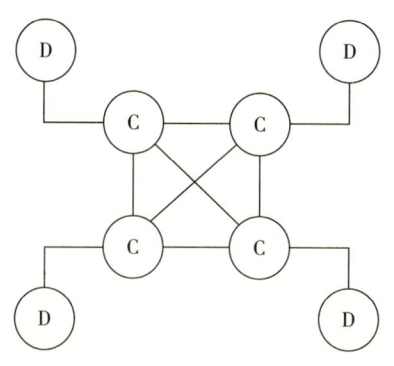

图5-1 核心—外围网络。核心节点被最大限度地连接在一起,外围有叛离者。尽管边缘有不合作的参与者,核心参与者仍将继续合作。

通过这种架构,由"一报还一报"的相互作用而建立起来的脆弱的信任可以通过核心网络的完全整合而得到深化和加强,这意味着处于中心的每个人都与其他人有联系。每个核心成员都与其他非合作成员相关,其中至少有一些非合作成员将逐渐转向合作。[7] 在核心—外围网络中,核心参与者只要能够依赖核心网络成员的持续合作,就能容忍外围的叛离者。

外交官不会对以下信息感到惊讶。法律学者加布里埃·布鲁姆在《协议之岛》(Islands of Agreement)一书中,描写了对以色列和巴勒斯坦之间"持续的武装对抗"的管理,他认为,即使是长期的武装冲突,也有可能创造出有利于双方的合作空间。[8] 另一个最近的例子是 P5+1/伊朗核协议,如果没有双方密切合作的团队在几年里多次会面,这个协议是不可能有结果的。

约翰·克里在担任美国国务卿期间与伊朗外长贾瓦德·扎里夫会面的时间超过了其他所有外交官员。双方的协商小组中还有两位成员——阿里·萨利希和欧内斯特·莫尼兹，他们都在麻省理工学院上过学。尽管外围有强硬派的抵抗，但双方在会谈中建立了密切的关系，形成了一个合作核心，他们致力于保证协议的落实。

这种合作一直存在。在释放被监禁的《华盛顿邮报》记者贾森·礼萨安遇到阻碍的紧急关头，克里直接与扎里夫通话，后者解决了这个问题。当一艘美国海军巡逻艇在伊朗水域被扣押时，克里给扎里夫打了个电话，该巡逻艇不到一天就被释放了。在核谈判前，这种程度的合作是不可能的。但我们要注意网络和棋盘的相互作用：合作的前提是，美国扣留伊朗方面的资金，直到其释放人质。

设计一个更加结构化和系统化的"群岛战略"，在政府官员、企业高管、教会团体，大学及其他私人和公民社会团体间形成有力合作是有可能的。关键是要注意初始群体的组成，并给每个群体设定一个需要持续联系和参与的具体任务。虽然可能有些违反直觉，但另一个很重要的做法是在争议领域选择一项任务。群体成员可能会遭到网络中其他人的批评或反对，但为了达成共识，他们要密切接触其他人，还必须在其他情况下坚持这一共识。

例如，比起组织中日高层官员的商业圆桌会议，成立一个商业领袖工作组开展营销活动，增加两国产品在彼此国家的吸引力可能更有效。同样的例子还有，要求美国和古巴的环保主义者制订一个保护两国间水域的联合计划，或者责成美国、欧洲和各穆斯林占多数的国家的大学校长制定一套既符合伊斯兰法律又符合普遍人权的男女同校的行为守则。

只有政府承诺监督流程和执行结果，这些项目才能起作用。仅有在广泛建立信任措施之下的自我感觉良好的努力是不够的。合作的缔造者必须审慎地寻找协议难以实施且存在争议的领域，并着眼于建立深层关系，仔细选择核心小组成员。由此产生的具体领域的合作网络可以被映射和连接起来，以帮助建立更广泛合作的支持者。

同僚合作

罗伯特·基欧汉《霸权之后》一书——深深影响我这一代国际律师和国际关系学者的书——的核心观点是：共同利益是国际合作的必要不充分条件。[9] 关于结构设计的文献，包括正式或非正式原则、规则、规范和决策程序，旨在寻求克服坐享其成、舞弊、声誉的影响及时间和信息匮乏等障碍的方法，这些都是妨碍各国进入政治科学家和经济学家所称的"帕累托最优边界"的障碍。"帕累托最优边界"是一个描述社会科学理想状态的术语，指的是在一个地方，每个人都极其富裕，任何一方想进一步改善处境的行为都会降低团体的整体福利。

许多基于这些设计原则谈判达成的国际协议提供了公共产品，如降低碳排放、降低贸易壁垒或禁用化学武器。网络理论则更进一步，它告诉我们网络结构和度分布——每个节点有多少链接——如何降低成本，并增加个人行为者对公共产品的贡献的激励。[10] 在某些情况下，个体行为者更有可能跟随其邻居的行动而行动。这意味着，增加活跃成员的链接将刺激其行动（在这种情况下，我们称这些成员之间是战略互补）。在其他情况下，个体行为者不大可能跟随邻居的行动而行动（这些成员之间是战略替代）。根据节点的连接方式和连接对象，添加链接可以增加或减少合作。

在一个战略互补的世界中，增加与合作伙伴的连接将使每个人更可能进行合作。而在一个战略替代的世界中，一些节点的合作使另一些合作变得毫无必要，将一个合作节点连接到另一个节点或合作集群，可能会导致其停止合作，如图5-2所示。然而，即使在这种情况下，增加链接也会增加合作，如图

5-3 所示。

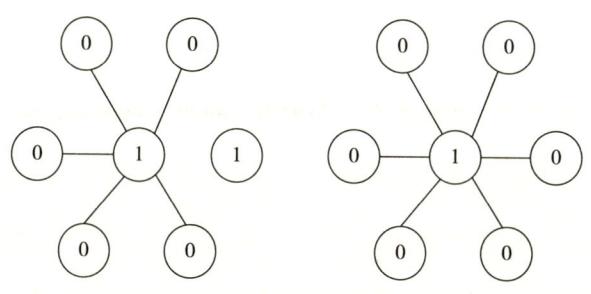

图5-2 减少合作的连接。对于作为战略替代品的成员来说，如果其邻居已经为公益事业做出贡献，他就不太可能会做出贡献。这种情况下，添加链接会减少整体合作。

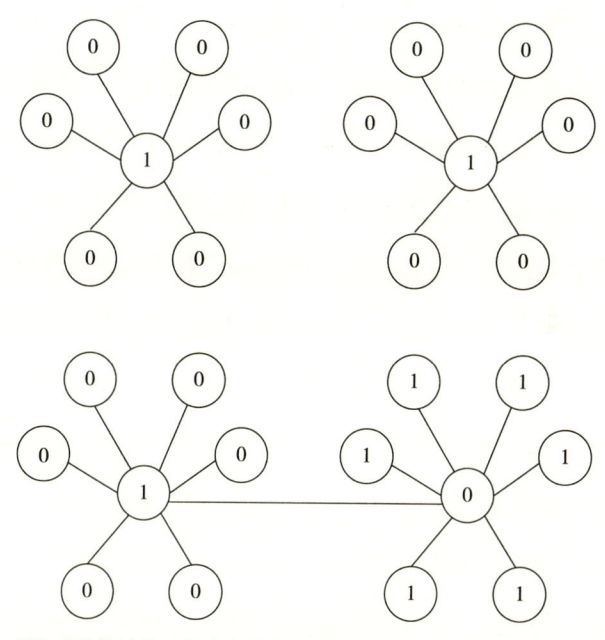

图5-3 增加合作的连接。在这个战略替代的案例中，加入一个链接增加了整体合作。

第五章
任务网络

095

一个由物理学家、生态学家和生物学家组成的研究团队指出,联盟和社团的连接网络有可能会加深合作,并刺激提供全球公共产品的行动。例如,在应对气候变化方面,我们认为,倡议和组织将是战略替代品,即某个联盟如果正在解决这个问题,其他组织就不会太积极。但事实上,"一个跨多个治理层次的协议、联盟和倡议的互动生态系统"可能会"大大深化国际合作",而且比《联合国气候变化框架公约》下的"单一、全面、普遍参与的机制"更有效。[11] 最近的研究确实表明,国家气候政策和跨国气候举措属于战略互补,而非战略替代。对参与国际气候治理的1.4万个案例的分析表明,一国采取有力的气候变化政策,更有可能使该国城市、公司、民间社会团体和其他非国家行为者加入国际气候治理网络。[12]

更普遍的是,重叠的结构单元体系更具适应性和灵活性:国家可以"在一个体系制度中学习并改变其偏好,这可能会在其他制度环境中产生溢出效应"。这种方法已经取得了成功:1998年亚洲金融危机后,金融稳定理事会及论坛推动各国采纳全球金融标准,加深了各国在IMF(国际货币基金组织)中的合作;推动限制军民两用核技术出口的国家组成了核供应国集团,扩大了《不扩散核武器条约》(NPT)签署国之间的合作。[13]

埃莉诺·奥斯特罗姆深入研究了"多中心系统"——一个由追求共同目标的、各级正式独立的决策部门组成的互联网络——的强大力量。[14] 在应对气候变化方面，她观察到，"鼓励建立多中心系统"，包括城市公用事业节能补贴，国家出台清洁空气法，城市"绿色"举措及其他法律、协议和计划，可开启减少碳排放、推动"人人负责的国际体系"的进程。[15]

有关公共物品供给的文献预见到下棋人与网络人、经济人和社会人之间的差异。有关网络的经济学文献显示，惩罚（或威胁惩罚）迫使合作。[16] 在重复博弈中，惩罚背叛者的有效性取决于信息的可用性：是否有足够多的其他玩家了解该玩家的声誉或历史。更丰富的信息会促成更深入的合作。[17] 相比之下，社会学和生物学研究人员倾向于找出更广泛的合作动机：同质性（即人以群分，物以类聚），优先联盟（想做那些酷孩子做的事），同辈压力，声望以及间接互惠（"把爱传递出去"）。[18]

这些见解为那些必须与国家、组织和领导者连接，以解决我们这个时代日益紧迫的全球性问题的决策者开辟了新天地。网络理论可以帮助我们厘清独立或完整网络的优势、不同的网络架构以及通过那些网络管理不同类型的流量（从资源到声望）。无论是国家作为单一行为者的相互接触，还是更广泛的网络行为者的交往，都可以加强合作。

协作网络

当一群人想要或被要求解决一个共同问题却不能有效合作以实现目的时，协作问题就会出现。2004 年，联合特种作战司令部（JSOC）的麦克里斯特尔将军在伊拉克就面临这个问题。要完成发现并摧毁伊拉克基地组织的任务，他面临着图 5-4 所描述的两难问题。

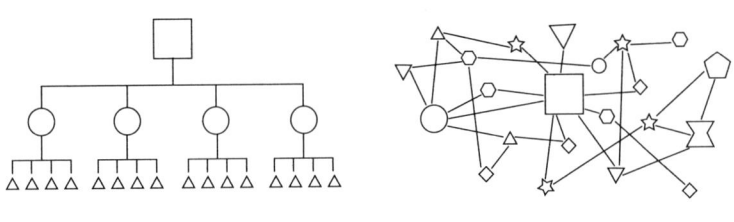

我们被设计成的结构　　　　　　我们所面临的情况

图5-4　面对网络化的对手：美国特种部队被训练出来是为了打击等级结构的敌人。但基地组织是一种网络化结构。

美军内部等级分明，就算是特种作战部队也一样。基地组织是一个网络，是一种拥有速度、灵活性和持续适应性的结构。它包括许多个人和团体，以重建纯粹的伊斯兰组织为名，对各种目标实施袭击。一些袭击是中心指挥的，其他的则由个体自主发动。

麦克里斯特尔必须在他自己的组织中形成匹配能力，这在某种程度上意味着，他要将他的等级结构转变成网络结构。然而，任务不仅仅是匹配组织形式；正如我们在第二章中看到的，不同的网络结构可以触发其中个体的特定行为。对开源软件开发的研究发现："在给定时间段内，集中化的开发团队修复了更多的软件漏洞，而分散化的团队开发了更多新功能。解决同一问题的个人是高产还是有创造力，取决于他们工作所在组织的结构。"[19] 因此，麦克里斯特尔必须设计一个网络，使其能够产生必要的行动以回应并击败敌人。

他的第一项任务是建立"信任和共同的使命感"，自觉建立和深化小组成员之间的关系，使其能够"像一个配合无间的单元那样行动"，在变化的环境中演练"联合认知"。[20] 他的第一个答案是让组织成为一个指挥控制式结构（如图5-5所示）。

每个团队都成为一个内部互连的星形结构。一个明确的中央节点可以开展集中管理。与此同时，其他节点以一种允许去中心化智能出现的方式互相连接。[21]

这种结构很快就遇到了组织理论家和行为心理学家所熟知的一个问题：只要团队规模很小，就会产生奇迹般的凝聚力。[22] 正如一名海豹突击队队员所说："我们的行动之所以有效，在于其他团队都很差劲。其他中队不怎么样，其他海豹突击队也很糟糕，我们的对手也烂透了。"[23] 对某个特定队伍的归属感，是动力、力量和恢复力的强大源泉，但是该如何在多个团队中创建共享知识、促进合作以及协作来解决问题？

命令式组织　　指挥控制式组织　　小团队

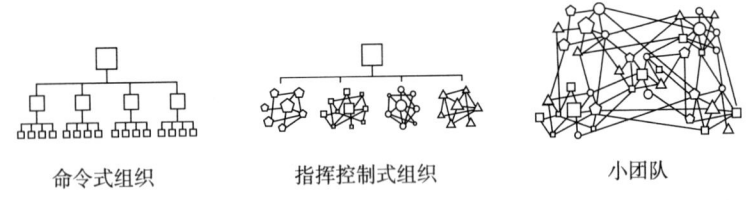

图5-5　小团队：麦克里斯特尔调整了特种作战部队的结构，提高其分享信息和解决复杂问题的能力。

此外，考虑到敌人的行动速度和不断演变的战术，麦克里斯特尔需要团队能够以意想不到和不可预测的方式成为持续互动的个体单元，"在没有任何设计的情况下"涌现"独创的解决方案"。麦克里斯特尔和他的合作者认为，解决方案是小团队——一个能解决庞大而复杂的问题的网络，依靠"看得见的管理之手和看不见的涌现之手，前者将这些要素组合起来，后者负责指导工作"。[24]

乍一看，小团队像一个经典的"小世界"网络，其特点是平均度较低（大多数人与其他人没有联系）、高度聚集、各群之间的连接足够多，这使得网络中任意两个节点的平均距离很小。但小团队在一些重要方面的系统化要高得多。麦克里斯特尔并不想让每个人都相互连接，因为这样效率极低。但他需要"每个人都认识每个团队的一些人，这样当他们考虑或不得不寻求与隔壁单位或华盛顿情报同行合作时，他们的脑海中会浮现出一个友善的面孔而非竞争对手"。[25] 战略网络设计意味着确保集群之间有精心设置的链接数量，不仅能提高效率，也能有积极的心理作用。

同样重要的是，小团队可以将自己变成一个完全通信网络，同时保留一个用于行动的相连模块化网络。麦克里斯特尔依靠"共享意识"和"授权执行"这两个支柱来解决问题。为实现共享意识，网络中的所有成员接收相同的信息并持续更新，麦克里斯特尔的一大创举，就是将每日行动和情报简报（Q&I）变为任何团队成员都可参与的大讨论，无论是来自联合特种作战司令部还是任何其他合作机构的成员，都可以毫无障碍地加入，发表各自的看法，听取不同见解。[26]

每日行动和情报简报变成所有小团队的"神经网络"，每天有近 7 000 人参与两个多小时的讨论。[27] 会议完全抛弃经典的"按需知晓"军事保密要求，孵化出彻底分享的军事文化。这是一个完全网络，我们在理论和经验上都明白，"通过简单增加节点的数量，可以将采取最佳行动的概率增加到 1"。[28]

麦克里斯特尔没有想到的是，形成共享意识增强了他实施第二个原则——授权执行——的能力。授权执行意味着尽可能将指挥链下沉，只提供一般性原则和共同使命感，然后允许所有级别的团队成员行使他们自己的判断力。共享意识和授权执行是相互关联的。正如麦克里斯特尔所写，当团队成员听取上级就每日行动和情报简报中的问题的辩论时，他们就会了解高层的看法，这反过来"给了他们技能和信心来**解决自己**面临的类似问题，而不需要进一步的指导或说明"。[29]

授权执行是一种应用于适应性极强的扁平化组织的管理原则。信息经济学研究者马歇尔·范·埃尔斯泰恩全面描述了人们分享信息的方法，他发现，"本地参与者不仅能更好地收集有关当地特定情况的**信息**，而且当他们拥有对结果的决策权和所有权时，他们更可能积极寻找问题和机会"。[30] 同样，与客户和合作伙伴高度连接的企业会比更为集权化的竞争对手较早发现问题。[31]

麦克里斯特尔的"小团队"在其他文献中也有别的名称：许多人将其称为"带有本地代理的分布式网络"。邓肯·瓦茨将其称为"元团队"，它由来自大型组织的多种规模的成员组成。[32] 在许多方面，麦克里斯特尔面临着 20 世纪 90 年代大公司向网络企业蜕变时的困境。回想一下，在第二章中，沃尔特·鲍威尔描述了一种"新的（商业）组织逻辑……围绕基于项目的工作和团队组织建立起来"。[33] 网络企业最典型的特征是企业内部和企业之间流畅的基于项目的协作。

麦克里斯特尔描述的"小团队"方法的独创性，在于刻意强调每个模块之间的连接数量和类型，并结合了两面灵活性。整个团队可以把自己变成一个具有明确中心的社交学习网络，然后变成一个具有足够连接性的分布式模块化网络，以补充具有共同目标的内部竞争。这两个方面对于将合作和适应性结合起来至关重要，而适应性定义了有效的合作。

创新网络

麦克里斯特尔的团队，无论是作为小团队还是自主地行使个人任务，每天都在创新。他们打击的是一个根据环境和行为而不断调整的恐怖分子网络，因此他们要不断寻找新方式去打败敌人。

但是，假设创新本身就是我们的目标，聚集一个特定群体的原因是要提出新的产品、服务、想法或解决方案。眼前的问题可能是如何监测碳排放，如何监测和报告侵犯人权的行为，如何遏制非法捕捞，或者如何更简单廉价地淡化海水。这些都是政府、国际组织、发展组织和其他全球事务的参与者必须解决的问题。分配研究经费是一个传统的解决方案，但是把它们花在一个明确为创新而设计的网络上会更好。

此类网络是一种被称为"开放式创新"或"网络化创新"——发明者自称是"新范式"——方法的支柱。在2003年出版的《开放式创新》一书中，亨利·切萨布鲁夫将其与传统的"封闭式创新"模式区分开来，封闭式创新是指公司投资专利，进行研究和开发，并预期收获新的点子、产品和流程。来自外部的点子常常被悄悄降级为"非原创"。相反，开放式创新假设"企业可以且应该像对内部想法一样使用外部想法，外部和内部的市场路线也应如此，因为两者的目的都是推动技术发展"。（如图5-6和5-7所示。）[34]

开放式创新将公司变成一系列节点和网络的中心，它们以不同方式连接到有价值的地方。举一个典型案例，宝洁和礼来制药这样的公司将许多研究问题外包给一个名为Innocentive的创新平台，该平台自称是一个"由数百万问题解决者组成的全球网络"。[35]很多公司也在做同样的事。尤查·本科勒将其描述为"创造网"，即由公司组成的松散网络，它们共同"创造新产品、新流程和新想法"。[36]即使有时这些公司在同一市场竞争，它们也会不断沟通，以创新并改进其产品的效率和竞争力。

管理产业研发的封闭式创新范式

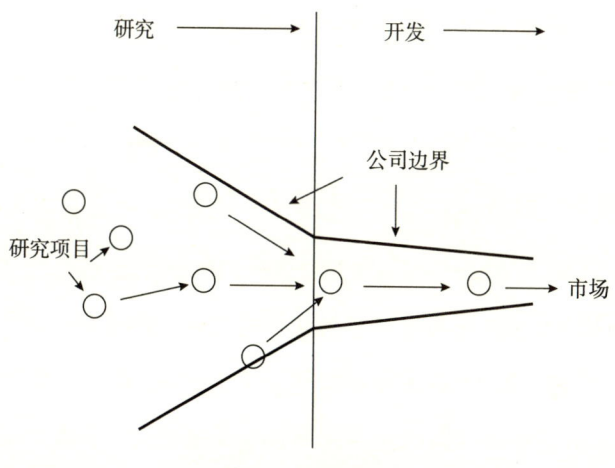

图5-6 封闭式创新

管理产业研发的开放式创新范式

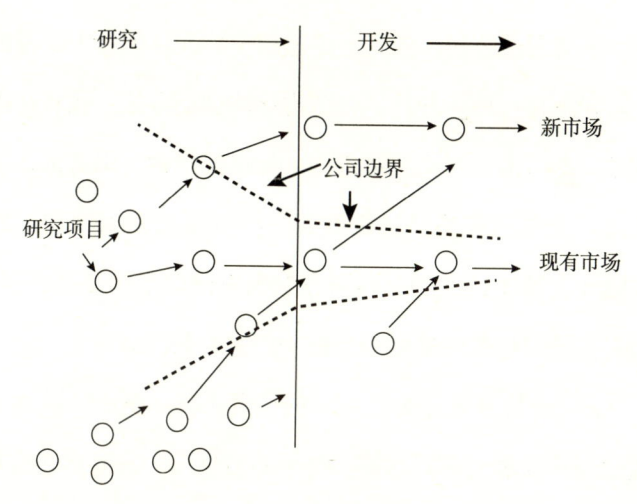

图5-7 开放式创新

第五章
任务网络
105

美国政府也在跟着做。美国国防部和情报机构已经建立了从各种来源搜集技术创新的部门。美国中央情报局的非营利性风投机构 In-Q-Tel 接收来自商业技术初创公司的商业计划，专门投资于对美国情报机构有用的创新技术，如高级分析、现场部署技术、机动性、基础设施和安全技术。[37]

美国国防部成立了 DIUx，这是一家总部位于硅谷的机构，与科技公司关联紧密，并投资于那些有前景的军事应用技术。初创公司将其想法源源不断地推销给 DIUx，曾经还在《创智赢家》节目中直接向时任国防部长卡特推销。[38] 五角大楼即将在波士顿开设第二家 DIUx 分部。[39]

将开放式创新与开源加以区别很重要。上述开放式创新范式适用于营利性公司，或者至少适用于旨在从创新中受益的组织。而开源是一种更开放、去结构化的创新方法，我将在规模网络那一章讨论。一些政府机构，如情报机构、国防部，抑或财政部，希望能够确保其赞助的一些创新归独家使用。而美国国际开发署（USAID）和国务院则更倾向于接受开源创新，因为它们寻求创造的价值部分在于产生公共产品。

《Google 将带来什么》一书的作者杰夫·贾维斯认为，开放式创新和开源的共同点是"链接的力量"——搜索并将知识链接在一起，这种能力解放了思想家、作家和研究人员，他们不必自己掌握一切，他们可以专注于自己的专业领域，然后与其他专家的工作联系起来。[40] 在创新过程中，知识的聚集和将不同专业领域的多个问题解决者联系起来，可以促进更加复杂的分工。这种分工反过来又会推动创新理论的发展，例如从史蒂夫·乔布斯苹果神话所体现的"英雄"模式到团队创新，再到现在的开放团队甚至是众包模式。[41]

开放式创新的最佳结构是将一家企业置于中心位置，如同在一个星形或集线型网络中一样，由它组织和协调其他企业并收获价值。关于网络"最佳密度和大小"的问题——有多少节点以及这些节点应该如何连接——仍然没有答案。

某些集群当然是有益的，如某种集线器结构。范·埃尔斯泰恩认为，"小群体网络……被证明更具创新性"。[42] 但是有多少个小组，又有多少连通性呢？成员之间的链接太多会使网络管理变得笨重，降低网络产生信息的质量和新颖性。链接太少又会阻碍协作和合作。[43] 这将取决于网络设计者为他们的特定目标找到折中的办法。

除了结构问题，"外部网络管理"的细节也成为创新网络成功的核心。最好的创新网络既是实践的社区，也是价值的生产者，确实，开源网络二者兼而有之，产生了内在的社会价值。让这些网络发挥作用所需的领导和管理能力是与众不同和至关重要的。我们稍后会讨论。

外交政策制定者和全球公众问题解决者在应对开放式问题时，应转向创新网络。这些问题应该足够具体，问题越大并不一定越好。想想"如何遏制非法捕捞"而不是"如何拯救海洋"这样的问题。重点企业或组织必须是容易识别的，它们还必须有足够的资源和时间去创造、协调和收获结果。

金发姑娘原则

恢复力网络有各种各样的形式：网状、改良的星形和定制的集线型等。任务网络是集线型网络的所有版本：以各种方式连接的小组、豆荚或团队。这并不奇怪，因为任务的特殊性要求在执行时有一定的方向性和精确性。当一项任务需要被执行时，人们不必各抒己见。然而，当一项任务需要在不断变化和不可预测的情况下被完成时，方向过于精确反而不利。

这就是任务网络的价值。任务最好由小型、多样化，但有凝聚力的团队去执行。团队成员的多元化提供了多种才能和观点，而小规模的团队能带来充分的信任和团队合作精神，使团队成为一个整体，并且能迅速适应不断变化的环境。在对手之间，一个小群体与一个敌对的较大群体之间的频繁互动是开始构建信任的必要条件，而信任又是解决常见问题的关键。

在同事之间，诀窍在于根据具体情况创建合适的群体：可能会追随其朋友或同行举动的、由国家或个人组成的同伴群体，或者潜在的搭便车者的中心辐射状群体。协同执行任务的小团队模式，创建了一个部分连接的集群网络，它可以变成一个巨大的、完全连接的星形网络，以获取信息。创新网络则利用来自尽可能广泛的社区的输入和想法，开发小团体的创造力和活力。

任务网络设计者的主要问题是"金发姑娘"问题：当多个小团体都负责执行一项大型任务时，它们之间的联系该是紧密的还是松散的？连接太多可能会使项目瘫痪，太少又可能导致重要信息被遗漏。随着外交政策实践者变得善于为特定目标设计网络，他们可能会设计一种任务网络类型。但是，为了达到一个特定目的而聚在一起，随着这个目的的发展和变化而聚在一起思考和调整，共同探索新的方法和手段来做一些前所未有的事情，这些类别涵盖了广泛的工作范围。

第六章
规模网络

许多全球性问题是实实在在的规模问题。例如，在国际发展方面，我们可以使用小规模的实验来评估改善医疗、消除贫困、消除文盲等不同方法的有效性。但即使确定了真正有效的方法，或者假设有大量不同的方法可以有效应对流行病，从蚊帐到新的治疗方法和疫苗，我们又该如何在数百万个村庄和社区中复制它们呢？我们如何协调成千上万的大小组织、团体和个人以最有效的行动解决特定疾病或一系列健康问题？最后，我们如何整合不同成员提出的全部想法和知识？

规模网络就是解决这些问题的一个方法。对于政府决策者来说它极具价值，因为棋盘世界的一个巨大吸引力，就是启动谈判或组建政府工作组等较小且可控的举措，这些举措至少具有产生重大影响的潜力。但与此同时，一些问题来自人与群体的互动，这些问题本身与小规模举措相互冲突。这就是为什么答案往往是召开一次大型会议，希望汇集数百名"关键成员"，共同得出某种解决方案。知道如何构建可实施这些解决方案的规模网络，为我们打开了一个全新的政策工具箱。

可以用三种基本方式来考虑规模网络：复制，聚集和分配。规模问题的一种类型是复制问题：一个基于仔细研究、分析和测试的试点项目，成功解决了特定的公共问题，那么如何复制这样的成功？使用口服补液疗法治疗婴幼儿腹泻就是一个很好的例子。如何复制特定方法或组织形式，使这个治疗方法有效实行？

在另一些情况下，许多人对特定问题表示了解、同意，也可以为其提供解决方案，但他们并不能高效地协同工作。疫苗供给和社区有效遏制宗教激进主义就是两个案例。它们是聚集问题：连接和协调许多部分，以创建一个更大、更有效的整体。

最后一类是分配问题，庞大的任务需要大量人员共同完成。所谓众人拾柴火焰高，但如何创造出诸如"谷仓建成庆典"（帮助邻居建谷仓的聚会）或"大家缝活动"（指妇女聚在一起缝被子的联谊会）的全球性活动？以上三类问题都需要大规模的解决方案，但它们各自的网络结构和管理方式必须有所不同。

复制网络

复制是一个生物学概念：DNA 双螺旋展开，产生了两个相同的副本。这种自发的自我复制理念就是规模的秘密之一。想象一下，我们可以设计和实施一系列试验项目，弄清楚哪些可行，然后让这些模型在其他地方被轻松复制。这当然不是那么简单的事，癌细胞就是一种失控的复制。

网络理论确实为组织和思想提供了一整套复制工具。或者更准确地说，它有助于我们了解在什么情况下复制能按我们最希望的方式发生。回顾第二章的内容，个人做出的选择不仅受到朋友的影响，也受到朋友的朋友乃至朋友的朋友的朋友的影响。我们是否有可能利用这一现象，最大限度地扩大一个社团或一个概念的规模？

接下来的第一部分，我们将探讨用于传播自组织群体的模板模型。第二部分，我们看看营销人员是如何使用网络理论帮助他们传播信息和观点的。没有人能够精确指出如何使文化基因产生病毒式传播，但一定有可能为大规模复制创造更有利的环境。

自组织的种子

"在戒酒无名会里，没有人负责，但同时人人都负责。"在《海星式组织》一书中，企业家奥瑞·布莱福曼和罗德·贝克斯特朗把这个无名会视为去中心化海星式组织的典型案例。蜘蛛式组织是集中的，有一个领导者和指挥中心作为中枢神经。摧毁这一指挥结构就会毁灭整个组织。相比之下，海星式组织没有负责人，没有"固定地点或中央总部"，也没有明确的角色分工。它们由自主分散的单元组成，个体被摧毁也不会危及整体，知识和力量分布在整个组织中。[1]

我们在第八章讨论网络领导力时将回答一个组织能否在"无人负责"的情况下真正运转的问题。就目前来说，海星式组织带来的最大启示就是信息传播和组织复制的方式。戒酒无名会创始人比尔·威尔森创建了"十二步康复计划"，每个人都可以利用这套计划，组建自己的戒酒小组，没有明确的方向限制。他创建了基础模板，并"相信每个小组都会按自己认为正确的想法来进一步设计"。任何人都可以在"未获取许可或批准"的情况下开展小组活动。[2] 这样的结果是，戒酒无名会形成了一个全球性网络，这个网络由戒酒无名会成员所称的

"大书",即威尔森的"十二步康复计划"提供动力。[3]

更近的一个例子是TEDx,各种主题的TED(技术、娱乐与设计)大会快速发展。TED的使命是传播"值得推广的理念"。每年TED大会的两个"主会场"都会得到精心策划,组织者在世界各地寻找科学家、技术专家、未来学家、艺术家、活动家和作家带来精心准备的演讲。TEDx"支持有意在社区创建类似TED活动的独立组织者"。该项目始于2009年,在全球已举办了上万场活动,分享了5万场演说。TEDx有清晰的活动形式和具体模板,只要提议的活动符合模板要求,任何人都可以获得举办TEDx活动的许可。

另外一个例子来自外交政策领域,至少我在这本书中是这样定义的。卢比孔团队是一个由退伍军人组成的灾难响应网络。这个非政府组织由两名退役美国海军陆战队员于2010年海地地震后成立,现有3.8万名志愿者,他们被派往美国国内外100多个受灾地区。成员分成小组,向灾区提供紧急援助。他们在24小时内部署完毕,可以独立行动,也可以并入非政府组织或政府指挥机构。

卢比孔团队的秘诀是,退伍军人拥有以使命感为基础的团队意识和普通人缺乏的目标感。卢比孔团队正在成长为一个复制网络,在国外复制戒酒无名会风格的小组——目前这些小组在英国、挪威和菲律宾都已落地生根。当地退伍军人管理着这些组织，只接受来自中心平台的启动资金、指导、最佳方法和规范，中心平台是整个网络的"教练"和"黏合剂"，而非"总部"。[4]

复制网络将去中心化的力量和中心模板的一致性（或至少是持续性）及同行者社群结合起来。在一个奖励地方主动性的结构内，中心平台提供成员需要和想要的资源及产品。然而，与此同时，许多人依赖于蒂娜·罗森堡所说的"社会疗法"——创造"如此强大和有说服力的同级群体，使个体接受一种新的身份"。[5] 戒酒无名会给予戒酒者一个新的戒酒者身份，并提供一个支持小组；TEDx 也非常棒，以技术、娱乐和设计会议的形式打造了 TED 这个独特标识。

罗森堡讲述了塞尔维亚抵抗派组织 Otpor（塞尔维亚语"抵抗"的意思）的故事，该组织 2000 年成功地推翻了斯洛博丹·米洛舍维奇政权。"通过把不抵抗变得简单化，甚至变得很酷，Otpor 使它转变成一场革命。"年轻人被前卫的图片、街头戏剧、摇滚音乐和政治反对派的行为吸引。用 Otpor 领导人之一伊万·马罗维奇的话来说就是，"我们的产品是一种生活方式……这非常酷，我们试图让政治变得性感"。[6]

Otpor 成功了，且不仅仅在塞尔维亚。罗森堡关注的是政

第六章
规模网络

─115

治动员的机制，即对积极的同辈压力的利用。Otpor 的消息传播到格鲁吉亚、突尼斯和埃及，不仅因为它的内容，还因为其投资者彼得·阿克曼发起并资助了复制网络。阿克曼创建了"国际非暴力冲突中心"，为世界各地的反对派组织举办非暴力政治战略研讨会和培训。他将 Otpor 的故事拍成电影，这部电影已被翻译成十多种语言，他还制作了一款视频游戏，让活动人士在虚拟空间里练习他们学到的策略。[7] 简言之，他把成功的革命变成了一个模板，并为模板的全球推广建立了各种渠道和平台，让世界各地的团体都可以使用这个模板。产品好，用户自然多。模板可轻易获取，没有人阻止任何团体自主使用。想象一下，有多少其他成功的策略可以以同样的方式被复制推广！

病毒式传播

打击伊斯兰极端主义的外交官和非营利组织常常抱怨，ISIS、基地组织和其他类似组织似乎能迅速有效地通过社交媒体传播其思想，然而，ISIS 招募的新兵如今拒绝激进的伊斯兰教，或者更为温和的伊玛目（清真寺内率领穆斯林做礼拜的人）的布道，这些故事并没有达到同样的传播效果。同样，仅移民团体成功地传播移民犯罪的叙述比支持移民的团体传播移民为社区带来价值的故事和统计数据更迅速和高效。社交媒体让谣言甚嚣尘上：网络总是在不停地传播最新消息、思想和时尚。如今，随着信息化的发展，消息以可视化的方式迅速传播蔓延。既然我们可以看到并监控这些网络，是否有可能塑造和引导它们以实现积极目的呢？

我们的设计原则之一是，网络只有当有内容流经时才会存在。一个推论是，网络成功与否取决于其节点间信息流动的有效性。组织社会学家沃尔特·鲍威尔将现代企业的工人视为信息处理器；在麻省理工学院的亚历克斯·彭特兰眼中，团队就像"将个人思维和社会学习结合起来的思想处理器"。[8]一个组织的生产力对社会运动能否产生影响以及影响的程度，都取决于网络的结构是否能促进信息的最佳流动。

马尔科姆·格拉德威尔2000年的著作《引爆点》通过引入单一引爆点的概念普及了有关规范级联的研究，他提出"有一种神奇时刻，一个想法、趋势或社会行为跨越一个阈值，引爆开始，影响力像野火一样蔓延"。[9]格拉德威尔把影响力世界区分为传播员、内行与推销员，引导推销员寻找"意见领袖"：指具备这些特征的个人，他们可以帮助推销员传播创意和产品。然而，格拉德威尔遗漏了一点，即只有当网络的结构正确时，想法才能广为传播。节点间连接太少，想法无处可传；连接过多,有影响力的节点会被其他对抗的想法淹没。[10]

如今,营销大师和社交网络设计师保罗·亚当斯关注的不是"极度有影响力的个人",而是"小的、独立的,但具有连接的朋友群"。他认为,"就传播思想而言,网络的结构比个人的特质更重要"。只有相对较小的团体能够充分共享和相互影响,形成全员认同的想法;只有这些组织通过个体成员连接到其他小组,才会形成信息快速传播的基础结构。此外,每个小组的构成也很重要:新想法的第一批采纳者必须容易接受改变(创新中心),但这些小组通常较为孤立,与那些不愿改变的小组(追随者中心)相比,与其他小组的连接更少。[11]

亚当斯提供了具体的营销建议。邓肯·瓦茨从更广泛的角度提出了同样的看法,他观察到,凝聚力强、相对独立的团体往往会强化已有立场,并抵制改变(想想朝鲜或大卫教派分支)。另一方面,参与许多团体、与外界高度连接的个体不太可能只有单一的世界观;他们有很多信息源和影响来源,并有可能从各种角度受到影响;他们也不太可能从志同道合的同行那里得到持续的支持。这就是邪教组织将其成员与社会隔绝的原因。

我们来看看另一个"金发姑娘原则":病毒式传播需要平衡"局部增强和全球连接"。[12]麻省理工学院人类动力学实验室研究小组发现了完全相同的模式，他们在 eToro 平台上对 160 万名短线交易员进行了研究，让这些交易员能看到并复制其他交易员的操作。最成功的交易员与各式各样的交易员建立了联系，他们可以看到并广泛借鉴其他人的行为，但"回音室效应"导致他们从别人身上学到的不会很多，因为大部分行为信息被淹没了，只有少数且不一定是最好的行为信息被广泛传播。[13] 这种"社会探索"实践——在做决定时，参考大量想法并与恰当的人建立恰当的联系——是社会物理学的核心。

因此，关键是找到那些——用彭特兰的话来说——"容易接受社会学习"的人，就像我们中有一些人更容易被流感传染一样。麻省理工学院的数据挖掘科学家发现，在下列情况下人更易受影响：人们易受与自己行为模式"足够相似"的他人的新行为（榜样）的影响，认为新的行为将是有用的；人们之间的信任度很高且角色的示范作用很大；新行为或想法与人们此前学习到的行为一致。研究人员在一项关于社区年轻人下载智能手机应用的研究中展示了榜样的影响力。他们发现，人们下载该应用程序的两个预测因素（性别、年龄、工作、宗教等等）与下载该应用程序的其他人相似，在更大程度上，与下载该应用程序的同伴的互动频率（信任的指标）相似。[14]

瓦茨在他所谓个人的"改变的临界值"的基础上提出了易

感性的正式模型。[15] 听起来很明显，如果一个人愿意改变，那么他更有可能接纳邻居的想法或行为，也就是说，他的临界值较低。但不那么明显、同样重要的是此人的网络密度，也就是其连接邻居的数量。过度连接或连接不足都有可能导致此人改变行为。

为了让这一点更加具体，让我们试想 2014 年冬基辅独立广场发生动乱时某名年轻教授的境况。他收入颇丰，基本不关心政治，在社会问题上有点儿保守——不是那种会冲上街头、竖起路障的人。他参加动乱的临界值很高，这意味着，他的社交网络中的大部分人走上街头之后，他才会行动。假设他有 10 个朋友加入，如果他的社交网络较稀疏，假设只有 15 人，那么这 10 个朋友足以促使他参加抗议活动；但如果他的社交网络较密集，比如有 50 人，那么他会继续待在家里。

在这里，我们发现了学术理论与实际行动之间的差距。就算我们可以确定人群中的某个特定的人有着积极的倾向（如反对伊斯兰极端主义或碳排放），我们又该如何将她与合适数量的人联系起来？通过观察现有的网络，我们可以理解为什么某些事情会在实验室里发生，但我们不知道如何将这些知识运用到现实世界以获得想要的结果。瓦茨的答案是，我们需要识别一个"易渗透的脆弱集群"，这听起来像是一个要爆炸的咖啡壶，至少对我们这些还记得咖啡是从滤煮壶甚至锅中渗滤出来的上了年纪的人而言是这样的。[16]

然而，请记住，我们现在拥有大量关于连接状况、频率甚至情绪效价的宝贵数据。[17] 数据挖掘——人们自愿提供的全球定位修正信息、电话记录、信用卡账单和调查数据——让我们可以识别一类人，找出他们与谁互动、信任谁。这些被信任的人一旦得到确认，他们就能在其周围建立易受影响的个人群体，并以正确方式将这些群体与其他群体连接起来，以最大限度地增加积极行为的传播机会。

媒体分析家和学者纳迪娅·奥韦达特指出，伊斯兰世界的思想斗争不在于"好伊斯兰教"还是"坏伊斯兰教"，也不在于极端派还是温和派，而是关于应该依据现代的世俗价值观还是宗教、宗法秩序治理国家。奥韦达特告诉我，"当瓦埃尔·戈尼姆在脸书上创建'我们都是哈立德·赛义德'的页面时"，一位在被警方拘留期间死亡的年轻人催化了埃及反政府激进主义，"它呼吁人们拥有真正的公民权利、人权、问责制和法治"。这是一次反对独裁主义和伊斯兰教法的行动，在抱持这两种观念的国家看来，人与人之间并不平等。这些思潮在"阿拉伯之春"中集中爆发，即使新政府成立，两种思想之间的争论也在持续。但支持平等和自由等现代世俗价值观的声音并未占上风,也未能改变那些推崇宗教暴力和对其他思想零容忍的人。自由思想,虽然在伊斯兰世界的社交媒体上很活跃,但常常被极端主义思想压制。[18]但是,如果不是像网络理论指出的那样,思想本身的内容对它们的传播负有责任,而是由网络的组织结构和它们诞生的集群来负责,情况又会怎样?

简单地把这些想法放在社交媒体上并不能保证它们会被采纳,它们也可能会被淹没或被忽略。相反,我们应首先创建一些小群体,这些小群体由一些有影响力的、奉行现代价值观——公民国家、平等、法制——的人以及许多信任他们的人组成,联合少数不同意见者共同构建一个生机勃勃、充满讨论和探索的文化氛围。少数群体成员也应该与那些信奉(但不一定实行)宗教管理甚至暴力的群体中的个人建立联系。要在某个国家和不同国家支持创建若干这样的小群体。然后把它们连接起来,但不要太紧密。

谷歌拼图,这家科技巨头关注地缘政治的技术孵化,一直在尝试率先使用这种方法。"重定向方法"项目利用谷歌广告算法,将那些搜索极端内容的请求直接导向精心策划的、可信的、系统揭露伊斯兰国本质的 YouTube 视频。[19]封锁伊斯兰国的宣传的努力——关闭推特账户或删除 YouTube 视频——基本上未能阻止潜在的极端分子观看这些宣传。但谷歌拼图的方法效果明显，短短两个月，就有30万人被吸引到反伊斯兰国的YouTube频道。下一步是将那些观看视频的人连接到上文所述的社群中。

在棋盘式思维中，如果想让一个人以某种方式行事，你就需要创造激励或抑制手段来改变这个人的行为。但网络理论和社会物理学已表明，如果想要传播一种创新或行为，你不应只关注个体，而应该改变人们之间的联系。在eToro交易平台的研究中，麻省理工学院的团队发现，这种调整有时意味着增加连接（针对不向他人学习的孤立交易员），有时意味着减少连接（针对连接过多且身陷"回音室"的交易员）。[20]

在对盗贼官僚统治国家的腐败网络的开创性研究中，卡内基国际和平基金会的莎拉·查耶斯发现，大多数严重腐败的政权都围绕着一个联系密切的"亲属裙带核心"。[21] 这些核心，就像交易员的"回音室"，传播相同且有害的思想，并屏蔽其他思想和行事方式。驻扎在阿富汗及其他政权腐败国家的美国军方及文职官员，都在尝试劝说这些网络中的个体不要过于腐败，但均无功而返。一个基于网络的反腐战略不会花太多精力去说服个人，而会花更多精力去改变核心的连接模式，阻止资源流入核心。

标识社会中个人的性格和连接似乎是一项不可能完成的任

务。但在这样一个世界里，人与人之间大量而不可预测的联系浪潮能快速转变成数十亿个数据点，我们可以看到时刻在流动和变化的想法、模板和行为。人们很难抗拒向积极方面推动和引导这种流动的尝试。在网络世界里，很难想象，外交政策制定者会像他们的冷战先驱向自然物理学家咨询那样，向社会物理学家请教。原子通过精心设计的通道流动，有毁灭世界的危险；而思想通过同样精心设计的渠道流动，却可以重新组合在一起。

协作网络

正如我们从创新网络中看到的那样，数据链接的力量在于它允许大规模的劳动分工。如今，我们可以专门研究一个领域的专业知识或经验，与其他专业领域的专家联系，而无须努力精通他们的领域。这就好像每个人都是一个单细胞，可以与其他单细胞相连，创造出多细胞生物。商界已经通过"跨公司网络增长"这一模式应用了这种分子组成形式，在该模式下，众多小型和大型公司通力合作，在研发和生产过程中扮演不同角色。[22]这样的网络可以分担昂贵的项目成本，允许试验和创新，在面对破坏时具有很强的弹性。[23]

国际发展领域也需要类似的方法来协调集体行动。诸如传染病、气候变化、青年失业或难民安置等全球性问题，世界各地的许多组织都在想办法解决。但这些组织没有合作。协作网络、聚集和连接诸多不同的努力，这才是解决问题的正确方法。

这类网络最好的例子是全球疫苗和免疫联盟（GAVI）。几十年来，众多大小组织一直致力于多种疾病的疫苗接种和免疫工作。但 GAVI 成为改变格局的关键。该组织把基金会和多边组织汇聚起来，与发达国家和发展中国家的政府、民间社会组织、医药行业，还有全世界的研究和技术机构共同合作。网络中每个成员都可以发挥自己的比较优势：盖茨基金会提供资金，制药公司研发疫苗，世界卫生组织监管疫苗质量，民间社会组织执行免疫计划。自 2000 年成立以来，GAVI 已为 5 亿多儿童接种了疫苗，到 2020 年再为 3 亿儿童接种。[24]

规模让网络得以运作。如果没有许多国家的持续要求，贫困国家的传染病疫苗市场就不足以刺激所需的研发。[25]模块化和劳动分工让大型组织能够处理地方任务，无论是全球发展银行、研究机构，还是致力于向偏远社区的婴儿提供疫苗的当地非营利卫生组织都是如此。法律教授、联合国特别调查员戴维·凯认为，不应让国际刑事法庭成为解决侵犯人权案件的唯一起诉机构，美国及其多边伙伴应该投入资源，帮助各国法院审理此类案件,从而配合形成一种"国家司法的国际化路径"。[26]

2016年6月,两个致力于应对气候变化的城市网络合并成立了全球气候与能源市长盟约,该盟约包括119个国家的7100个城市,可能是世界上最大的协作网络。[27]这个盟约组织由迈克尔·布隆伯格和欧盟委员会副主席马罗什·谢夫乔维奇共同主持,是一个合作的中心平台,帮助城市和地方政府在减少碳排放、改善气候状况、发展可持续能源基础设施等方面开展合作。该盟约提供技术支持,帮助成员国城市收集可比较数据,推动问责制和竞争机制,以实现减排目标,并通过一个金融机构咨询小组为城市提供咨询,告诉它们如何吸引私人投资,用于可持续基础设施。据估计,城市占全球碳排放量的75%,占能源消耗的70%。该盟约因此在应对气候变化的第一线创造和动员了一个行动者网络,绕过了谈判、批准及执行具有法律约束的国际协议的烦琐程序。

所有这些协作网络的结构都必须是星形网络,有一个明确的中心负责协调工作。GAVI和全球气候与能源市长盟约都有一个中心秘书处,有足够的资源来完成这项工作。仅仅把致力于实现同一个最终目标的不同组织联系起来还不够(尽管大家都会很关注盖茨基金会!)。中心平台不能下达命令,在将许多不同类型的组织聚在一起的同时,也要保持它们的独立性,使其在错误面前不会被统一影响。

正如我们将在第八章中讨论的那样,这方面的领导工作非常专业,但没有被充分认识。它需要具备可包容广泛的公共和私人行为者的跨文化交际能力,还需要具备一套出类拔萃的技能:寻找、连接、促进交流、协调利益、消除纠纷、解决问题,以及不断地为更大的使命调整定位。

网络领导者也可以通过创建一个"拉动"平台将其吸引力和力量最大化。正如约翰·哈格尔及其合著者在《拉动力》一书中所写,许多最成功的信息时代企业的运作原则是"拉动"而非"推动"。"推动经济"假定企业和组织知道客户的需求,依此选定能满足这些需求的产品和平台,并将其推出。相反,"拉动"模式假定*消费者*——或客户、订阅者、粉丝——了解自己需要什么,想要什么,并且能够构建什么,如果他们拥有资源、知识以及创造和连接的平台,他们将是最有生产力的。[28]

"拉动"平台不只是一堆材料的随机组合。而对客户——或者在本例中是对盟约组织成员——的价值在于管理。在万物泛滥的世界里,太过充足也是问题。想想"精选清单"的价值,我们最喜欢的网站和商店都来自精选的播客清单、各种最畅销榜单以及奇怪癖好清单。提供正确的、最有用的、用户友好的材料,以及最多元、最具文化敏感性的材料,会让你的中心平台对你想合作的组织来说极具吸引力。企业家史蒂文·罗森鲍姆表示，精选清单从根本上讲就是"在等式中**重新**加入质量，在你和充斥着海量内容的世界之间设置一道人工过滤器"。[29]

凭借对大数据的收集和挖掘能力，以及对大数据的管理和处理处理能力，谷歌成为组织和个人开发这类平台的领导者。谷歌拼图创造了一个广撒网的数据搜集和绘图平台，提供结果筛选，让数据便于获得和使用。名为 Montage 的平台整合并筛选了每天上传到 YouTube 视频上的数千小时冲突地区的视频，并为人权组织和记者提供分析、分享见解的工具。Investigative Dashboard 平台搜集国家商业数据，建立可访问的、易于查找的数据库，让调查记者和监督组织能够查明非法资金通过哪些空壳公司流动。[30]

杜克大学前校长南内尔·柯念兰认为，领导一所大学就像领导"一个由数所不同规模的院校组成的小型舰队，所有学校都对目的地达成共识，各自又有自己的资源，在制定路线时也有一定的独立性"。[31] 对旗舰上的司令而言，关键是在副官和船员中寻求共识，设定总体目标，提供有吸引力的激励，并协调每个人以各自不同的方式朝同一个方向驶去。协作网络就是这样。与数百万非营利组织、公司、政府机构、慈善机构和关心全球问题的民众一起创造集体价值的机会数不胜数。关键技能是善于创造集体价值,并最大限度地为自己解决公共问题创造机会。[32]

累积网络

如果说汇聚网络是协作网络,那么分配网络就是累积网络:规模网络积聚知识、专业技能或一些公共活动。它们把一份工作分解成无数小块,最后把各自的成果累积起来。它们可以基于合作、协作或创新而建立,这取决于工作如何开展。但它们的经营规模带来了特殊的挑战。

从最简单的层面来看,想想亚马逊的 Mechanical Turk,一个面向数字劳动力的在线市场,已经走向全球。机器学习培训数字公司 Samasource 与大型科技公司合作,将大数据项目分解为小块,然后将其外包给发展中国家。它形容这是"需要人情味的全球众包数字项目"。[33] 这种模块化也鼓励合作方投身公益事业。大规模的众包项目依赖于将大型志愿者项目分割成时间强度较低的小模块,让人们更有可能为之做出贡献。[34]

累积网络的升级版本是协作网络,其中的贡献者能显示出更多创造力和合作意愿,即使有时候目的不同。最好的例子是维基百科,它是一本百科全书,汇集了所有想要有所贡献的人的知识。维基百科是一个"一群贡献者有着共同的需求并以一致的方式"群策群力的开源项目的案例。[35]

蒂姆·奥莱利的公司奥莱利媒体运营着开源大会,他把群体参与分布式小任务以创建一个共同整体的做法形容为"参与的架构"。[36]作为一个网络,这种参与能在中心平台上实现累积效果。这个网络的结构像一个星形网络,相互认识的参与者组成一些集群。然而,弱联系利于输入,强联系利于输出。贡献者社区中过多的链接会降低最终产品的准确性或价值。同伴不仅产生信息,他们还会评估他人的贡献。如果他们的彼此联系太强,就会失去弱联系产生的"群体智慧"。

开源模式的吸引力不容小觑。正如一位记者描述的那样,"把它看成多数参与者击败少数拥有者的胜利"。政治学家史蒂文·韦伯表示,"财产是被分配而不是被保护的东西"。[37]这超越了点对点共享,直达点对点生产,并最终从协作到共同创造。

累积网络的一个标志性案例是开源软件Linux,希望做出贡献的任何开发者都可以获取源代码,Linux已成为微软和苹果公司操作系统的有力竞争者。[38]从整个创新生态系统看,开源和开放创新——已经扩展到支持整个创新生态系统——的关键区别是,开源不受利益驱动。[39]它不是指导性任务网络,而是根植于集体共同愿望的网络化生态系统,且在不断进化。现在，像 GitHub 这样的面向开源及私有软件项目的托管平台，允许用户在线发布和修改代码，可以让世界各地的程序员在不知道彼此存在的情况下对开源代码进行并合和修改。用社交媒体理论家克莱·舍基的话说就是"无须协调的合作"。[40]

知识的累积和代码的累积是一种知识形式，也是分布式协调网络的特征。例如，以 GAVI 为模型的全球水资源网络，能动员世界各地的个人和组织共同解决水资源问题，包括召集志愿者创建一份关于全球水质和可用性的地图。[41] 需要协调的部分是如何分配任务，累积的部分是收集并建立一个不断更新的产品。

成功的关键因素是将低程度的等级制度添加到网络的中心。社区中形形色色的个人要为公共产品做出贡献，审查和质量控制非常重要。网络在很多方面赋予了人们力量，但遇到调动和管理资源、控制质量、组织承诺、快速决策等问题时，等级制度是很必要的。[42] 甚至连维基百科这个几乎完全由志愿者完成内容编写、编辑和监管的协调网络，也是由维基媒体基金会集中管理的。该基金会为负责平台软件设计、内容审查和协调纠纷的员工支付工资，其董事会设定标准，强制世界各地的管理员接受更新。[43]

结合等级制度和网络结构的另一种方法是用现有等级制度

创建一个累积网络,像亚马逊的评论系统一样。该系统允许任何人撰写评论,并允许其他用户对评论进行有用性评价,但它有明确的按等级执行的检查机制,以防止系统被滥用。任何博主都知道,喷子可以迅速摧毁公开辩论,甚至能影响最初评论者的意愿,所以通常需要强有力的手段进行干预。推特本质上也以相同的方式运作,允许个人屏蔽其他人,也可以向官方报告不良行为,以便平台采取明确的行动。

创建此类大规模协作网络提供有关各国如何履行其国际义务的信息,其潜力是巨大的。例如,可以考虑为世界各地的民众配备监测水和空气质量、辐射或暴力行为的应用程序,以进行广泛的认证和搜集。叙利亚内战刚开始时,反对派成员在社交媒体上上传了关于政府暴行的可怕照片。很快,其中一些照片被曝出是伪造的,叙利亚政府活动人士也开始发送图片,故意让真相更加复杂难辨。一个由联合国管理、使用搜集和确认信息模板的网络要可靠得多,也是向国际行为者施压更好的工具。

起　点

恢复力、任务和规模网络是在网络世界制定并实施连接和断开战略的必要工具。它们都借鉴了集中式、分布式和网状（去中心式）网络的基本架构。它们会根据不同目的用各种方式进行修改，正如冲突的战略几乎总是可以降低到胆小鬼游戏、围捕牡鹿和囚徒的困境的层次。它们都需要与合适的人或机构以合适的方式相连接：不多也不少。

这里描述的基本模板就是入门的工具箱。网络外交的历史还未写就，但正如前言提到的，一些政策制定者已开始进行尝试。前言也讨论过，在我完成本书撰写时，美国国防部长卡特宣布建立一个亚太"原则性安全网络"。他采用了一种网络战略，以促进分布式地区安全，并应对中国的崛起。[44] 传统的棋盘战略可能是寻求孤立或制衡中国，但卡特邀请中国和其他亚太国家加入网络，其目标是利用连接来限制中国的海上扩张。

美国和其他国家的政府也已经开始实施网络战略，但我们尚不清楚如何测试或优化"网络"的基本理念。没有统一的词汇不可能得出统一的术语，没有统一的语法也不可能有不合文法的用法。恢复力、任务和规模及其子类的分类，都是从这个基本语法开始的。它们将不断进化变异，但我希望，它们将为思考并实践外交政策提供一种系统化的新方法。

然而，仅有结构是不够的。即使与正确的人或机构建立了正确的连接，让网络正常运作也需要人为因素。没有任何形式

**第六章
规模网络**

的人类组织能避免权力和政治，没有任何组织可以避免某种形式的领导。网络中的权力不同于等级机构中的权力。网络中的领导也不同于等级机构中的领导。对一个成功的连接战略而言，理解和利用这些差异与理解网络架构同样重要。

第三部分
权力、领导力和大战略

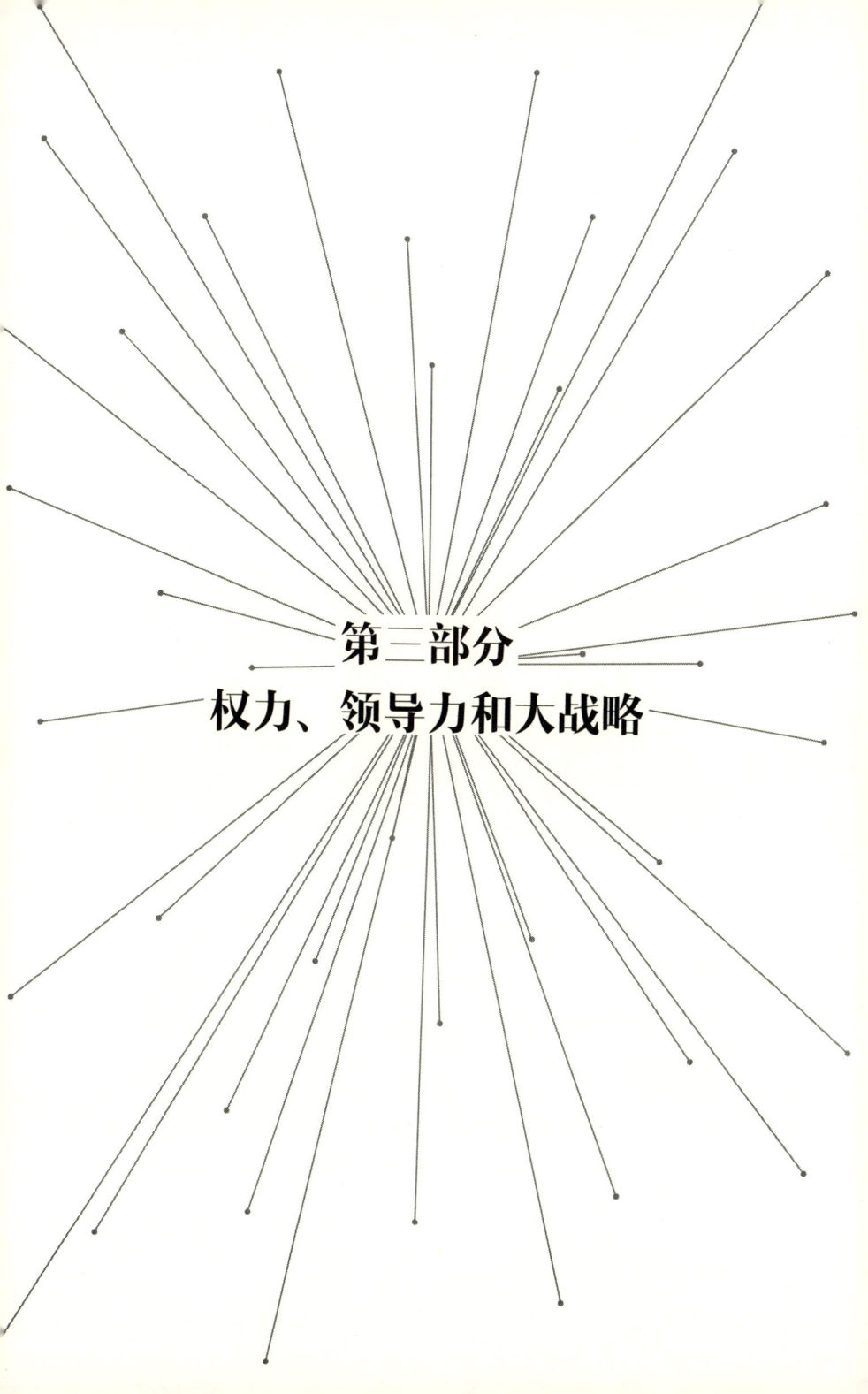

第七章
网络力量

权力让人鬼迷心窍。一些著作已经明确提出了网络的力量，还有大量的著作对网络时代权力性质的变化进行了思考。2007年到2008年我在上海待了一年，之后我开始以一种不同的方式看待权力。在一篇有关重新思考权力的文章"美国的优势：网络世界的权力"中，我提出，"21世纪正在形成的网络世界……存在于国家之上、国家之下，也贯穿于国家之中。在这个世界里，拥有最多连接的国家将成为中心角色，能够设定全球议程，开启创新和可持续增长"。[1]在《第七感》一书中，乔舒亚·雷默断言，没有什么比掌握未来更重要的了，这是一种掌控"几十亿彼此连接的生命"和"数百亿相互连接的传感器和机器"的力量。[2]

传统的权力定义，取决于实现目标的能力，无论是靠你自己，还是让某人或某事——一群人，一个组织或一个国家——做你希望他们按照你的意愿而非其本意去做的事情。在著名的《权力：一种激进的观点》一书中，政治理论家史蒂文·卢克斯提出了三维权力观：命令、议程设置和偏好塑造。[3] 用家长与孩子的沟通举例，命令就是直接下令："你要去夏令营。"议程设置是提出选择："你是喜欢去计算机夏令营还是运动夏令营？"偏好塑造受到家庭价值观的影响："在这个家里，孩子就要去夏令营，我们相信这对学习新技能和结交新朋友很重要。"

约瑟夫·奈倾向于用一种二分法来区分硬实力、强制力和软实力、吸引力，他认为它们截然不同。硬实力是通过外交、经济或军事手段强迫其他人做不愿意做的事情。软实力是另一种偏好塑造：它依赖于通过创造一些吸引力足够大的事物来拉拢他人，让他们想要成为其中的一分子或模仿它。[4] 奈和苏珊尼·诺瑟两人都提出了巧实力的概念，国务卿希拉里·克林顿后来也提出了这个概念。巧实力指的是，通过一个"由盟友、制度和规则组成的稳定网络"，有选择地使用国家所拥有的所有工具：军事力量，但也包括贸易、民主、外交援助、国家价值观和影响。[5]

雷默把巧实力视为奥巴马政府外交政策的指导原则，但他认为，"巧实力不是一种外交政策的意愿，就像'好天气'不是务农的战略一样"。更根本的是，他指出，掌控美国外交政策的"美国白人团队""对网络视而不见"。他们错失了网络带来的巨大可能性，在这种网络中，"权力是由高度集中和大规模**分布**两者共同定义的"。[6]别忘了无标度网络展示的"富者愈富"模式：因为权力来自连接，拥有最多连接的网络能吸引最多的新加入者。你加入领英等社会网络，是因为大多数人在上面；银行使用"环球银行金融电信协会"（SWIFT）网络是因为其他银行都在用它；国家加入世界贸易组织（WTO）是因为它是成员最多的国际组织。正如我们将要看到的那样，大规模分布带来的力量同样显著。

然而，包括雷默在内的这些作者，还是沿用了非常传统的权力概念。他们区分了网络**的**力量和网络**中**的力量，区分了作为能力的力量和作为连接的力量，区分了国家的力量和人民的力量。但他们漏掉了一个更深层次的转变：这个转变不仅仅体现在谁拥有权力以及如何更好地运用它，还体现在我们对权力本质的理解上。

权力控制和权力合作有着根本的不同。对那些高度同质化的外交政策精英——今天仍然操控全球权力杠杆的政治家和首席执行官们——来说，权力合作看起来有点儿情绪化且过于新潮。正视外交政策中网络的结构和属性很重要，同样，对权力合作的直观把握也十分重要。让我们从看待网络和权力的更传统的方式开始。

网络的力量

定义和评估一个网络的力量换种方式说，就是判断什么样的网络适合作为外交政策工具。网络应具备何种属性，使它们在某些情形下比等级制度或市场更有效？例如，什么时候我们会尽力去创建一个由国家或网络行为体组成的网络，而不是一个更正式的组织或简单的非正式团体或俱乐部？

第一个答案取决于对"高效、可靠的信息"的需求。沃尔特·鲍威尔指出，"最有用的信息很少是从一个组织正式的命令链中获得的，或者是从不断变化的价格信号中推断出来的"。[7] 莫娜·艾塔哈维的故事能很好地说明信息在一个相对扁平的网络中的传播速度可能是最快的这一事实，她是一位有6万推特粉丝的知名埃及裔美国专栏作家，2011年11月在开罗被埃及内政部逮捕并遭到殴打。她设法发出了只有五个英文单词却让人不寒而栗的推文："Beaten arrested in Interior Ministry.（在内政部被捕遭殴打。）"

艾塔哈维的推文是在美国中部时间下午5∶44发出。我下午6：05就收到美国国家公共广播电台的安迪·卡文——多个阿拉伯国家抗议者推文的顶级英语策划——的消息，他告诉了我莫娜的推文。我立即给我以前的国务院同事发了邮件。不到5分钟，我收到回信，接着发了一个笼统的推文，称美国驻开罗大使馆正在调查此案。《纽约时报》记者纪思道给他的100多万粉丝发出了类似的消息。随后话题"释放莫娜"在推特上散布开来，几个小时后莫娜被释放，她两处骨折，还讲述了一个痛苦的性骚扰故事。和艾塔哈维一起被捕的埃及博主马吉德·巴特也被释放。这要是在一个等级森严的世界里，我们可能还在想办法，看看能打电话给谁。

让网络在应对全球事务中发挥作用的第二个特性是它们的适应性。网络成员建立的是真正的关系，而不是例行公事。在危急时刻和快速变化的局势下，例行公事可能是一个障碍。从已建立的关系中得到的信任能让进程迅速转变，同时让每个人都参与进来。沃尔特·鲍威尔也看到了网络的这一特性。因为它们"以沟通与交换的互惠模式为特征"（换言之，它们依靠联系而不是结构、规则和程序），它们建立了信任和隐性知识，为持续但开放的合作提供支持。[8]在一个充满不确定性和快速变化的世界里，信任是适应能力的一个关键因素。

跨国犯罪集团和恐怖组织的力量来自适应性。20世纪80

年代和 90 年代，当美国执法部门向哥伦比亚贩毒集团宣战时，这些罪犯网络改变了原有的组织结构以保持隐蔽性并持续协作。等级分明的决策变得扁平化，节点间的联系减弱，外围节点——作物收获、加工实验室、分销商等——变得更加独立。贩毒集团的内部结构从一个车轮的形状变成了一个链条，"毒品运输通过一系列独立节点进行交易，这些节点相互协作，大多临时联系"。中心平台的控制和执行能力较之前更弱，但随着时间的推移和不断的互动，"来自不同群体的参与者"建立了"信任和互惠"。[9]

适应性的另一个维度是网络"把等级制度和集中化的元素整合"到其结构中的能力。[10] 大赦国际给人的第一印象是，它是一个组织方面的悖论：它既是一个由近 200 万活跃分子组成的庞大的草根组织，又是一个高度集中化的官僚机构，由位于伦敦的中心平台控制着其成员并为整个组织制定工作议程。虽然这样的集中与该组织的民主思想和志愿者精神背道而驰，但大赦国际庞大的网络在执行中心的决策时既具有灵活性，也具有机构性。可靠的国内非政府组织会把议程传达给活动人士，如活动人士会代表某位囚犯向目标政府官员发送大量邮件。大赦国际网络的规模赋予了它影响力；集中化的中心平台能够实现快速、一致和协调的行动。[11]

网络权力的第三个支柱是可扩展性——"以相对较低的成本快速发展"而又不会给组织制造大麻烦的能力。[12] 这种快速且低成本发展的能力是激进运动和社会运动的关键。这样的网络联系松散、诉求广泛、表达有力。[13] 让贫穷成为历史运动和禧年债务国际联盟运动把债务重新包装成一个有关公平正义的问题,以吸引更多的人和组织加入它们的网络。[14] 2011年埃及骚乱期间,有着共同愿望——即驱逐穆巴拉克政权——的抗议者,通过脸书、短信或无线电"低成本、迅速地联系起来"。[15]

社会运动和政治运动是网络力量可扩展性的极端案例,通常都不能持久。等级制度又一次不可或缺。"占领运动"一度爆炸性发展,但议程广度过于宽泛、缺少集中化的中心平台以及拒绝参与普通政治让它逐渐消失。那些规模不断扩大的可持续性的跨国倡议组织常常设置比较聚焦的议程。加入大赦国际松散的草根网络成本相对较低,也更容易,它近似于"占领运动"的抗议者。但随着组织外围的扩大,中心平台必须变得更加强大,以操控一个更大组织的发展方向和信息流动。这又是一个分布性和集中化的共生关系。

网络中的力量

当我们谈论网络**的**力量时，我们是站在"阿基米德支点"看待政府、企业或公民决策的，即网络的建造者和设计者选择何时及如何创建网络。相反，理解网络**中**的力量，意味着要了解美国及其各州和网络盟友何时、如何把自身放置于一个已有的或新的网络，以便能够推进自己的利益。当然，这两种力量相互影响。当一个网络的参与者认识到网络的结构能强化自身的力量时，它会试图影响整个结构并改善自己在其中的位置。[16]这在一定程度上可以解释为什么理查德·霍尔布鲁克大使生前总是煞费苦心亲自安排官方晚宴的座位表。

非常简单，等级体系中的权力就是命令或控制他人的能力，这需要处于一个顶端的位置。网络中的力量来自连接：一个节点拥有的连接数量、类型和位置。在一个星形或毂状（集线型）的网络中，最中心的节点拥有最多连接，也有更大的可能获得更多的连接。因而，网络理论家用中心性来形容网络中的权力。我们在第二章讨论了不同类型的中心性："度中心性"、"接近中心性"、"中介中心性"，以及极其晦涩但又十分重要的"特征向量中心性"。很难想象在国家首都的走廊里回荡着这些术语，但我将在本书中用英语和案例来讨论一些基本的内容。

回想一下，度中心性简单衡量了节点连接的数量，表明它与多少个节点建立了联系。与他人连接最多的人就是那个有着最大名片盒（对我那个年代的人而言）的人或脸书上朋友最多的人。度中心性是对社会权力的衡量，与信息流高度相关，因为连接最多的人拥有最广泛的消息源，因此会最先听到各种消息。[17] 一些国际关系学者认为，相对于大国，小国可以通过累积社会权力让它们争取到最有利的处境。瑞士和其他欧洲小国在外交上就是这么做的，它们主办和平对话和条约谈判，并向多边组织派驻大使馆、领事馆和使团。[18] 但就像所有权力掮客熟知的那样，连接数量的作用并不能超过质量。

中介中心性衡量网络中某个特定节点与其他节点的最短距离。中介中心性高的节点通常影响力大，它位于信息流、资金流或货物流的交会处，故而可以控制网络中其他节点间的互动。这就是新加坡这样一个小小的城市国家能够成为全球贸易强国的原因之一。全球约40%的贸易要经过马六甲海峡，它是东亚、中东及欧洲的咽喉要道。新加坡利用其横跨这个要道的战略地位，把自己打造成全球第二繁忙的港口。

我们还可以把中介中心性看成充当中介的机会。在一个特定的社区里，房产中介身处房屋买家和卖家之间。她并不需要是城里拥有最多朋友或联系人的人，但她了解有人想出售房屋，有人想购买房屋。这意味着如果你想买卖房子，她就是那个最有用的人。权力中介同样如此，在过去，你要是想在华盛顿找份工作，你会去找少数资深律师和政府前高官，他们认识政府内外的每个人。他们知道谁在招募人员，谁希望被雇用，也知道需要打电话给哪些关键人物以得到推荐或有机会阻止某个申请。奥巴马政府试图把这一体系向没有内部关系的普通人开放，它要求所有申请入职政府的人都通过 USAJOBS 网站应聘，但政治权力和权力掮客依然联系密切。

中介能力还意味着对权力的议价能力。中介的人脉构成了一笔宝贵的资产，她可以用它来给那些想加入网络的人设定条件和要求。给国家充当中介也一样。欧盟熟练地使用这种权力，为其成员提供进入欧盟共同市场的机会，作为交换，成员承诺采用欧洲的标准和价值观。非欧盟成员与欧盟签署双边合作协议，他们不仅是为了某项协议的直接利益，也是为了进入"以欧盟为代表的更大的网络"。[19]（我们已经听到很多关于欧盟议价能力的事例，在接下来的几个月里毫无疑问，我们还会听到更多，因为英国正在努力寻找脱欧的最佳谈判方式。）世界贸易组织也拥有类似的权力，如果其成员接受世贸组织的规则，世贸组织将为它们提供国际贸易自由化和争端解决机制等好处。[20]

曼纽尔·卡斯特指出，网络权力掮客是一个特殊的权力阶层，指的是那些"在不同网络中经营连接"的人。[21]他将其称为"转换器"，包括政治网络媒体巨头、为国会竞选提供经费的华尔街高管，以及在公司董事中会坐拥一席之地的大学校董。转换器始终有着较高的特征向量中心性，它度量一个节点的重要性，不仅依据其连接的数量，还依据与它相连的节点的连接数量。在社交网络中，真正有权势的人总会与那些本身就有着良好连接的人建立联系。

提供有价交换——无论是房屋、工作、政治影响力还是股票——能为节点带来权力，也会转化为网络的脆弱性，从某种意义上说，删除一个其他网络参与者所必需的具有众多连接的节点会破坏甚至摧毁整个网络。现在，我们回到无标度网络，这种网络自然而然地创造出一些大赢家，这些节点连接了大量自身连接数量很少的节点，这意味着面对事故时它们具有更强的稳健性，但也更容易受到攻击。

最后，看看网络边缘那些根本就没有中心性的权力。与高度连接的掮客的议价能力不同，"网络边缘那些参与度不高的节点常常可以行使退出的权力"。[22]除了脸书、推特或领英，其他社交媒体平台都在努力构建自己的社交网络，即使是最大的平台,也在为争夺节点展开激烈的竞争。雷默认为,出于网络效应,强者愈强,但是整个子网络——如某个特定国家或企业的所有脸书用户——的确不容小觑:它们可以威胁退出或不加入。这种可能性迫使网络缔造者和位于等级结构顶端的中心节点确保网络为其成员提供价值。[23]

这个观点稍微有些违背直觉,但它展示了网络逻辑与众不同的性质。位于美国的大型数字平台表面上看是一种力量的源泉。与美国有着许多不同经济、政治和社会联系的国家会发现,它们很难阻止其公民使用美国的平台。然而,中国——世界上多种目标的中心——却处于美国数字网络的边缘。中国公民彼此的连接程度要高于他们与其他国家的连接程度。因此,中国能更好地管理其网民,让他们独立于世界上的其他网络,中国网民很少参与抗议,就是因为与美国的网络联系不多。其他数字化程度更高的边缘国家也知道如何把它们的虚拟人口作为权力资产加以调用,这和冷战时它们倾向于把共产主义或资本主义作为权力资产加以利用的做法如出一辙。

权力控制和权力合作

上述所有关于权力的定义都是权力凌驾于他人之上、统治的概念的变体。它们都符合史蒂文·卢克斯的基本框架。此类权力传统上是以能力来衡量的。的确,在棋盘世界中,为人所熟知的衡量国家实力的办法之一就是一个数学等式,把国家的人口、钢铁产量、能源消费、军费及军队人数分别加起来,然后计算其在这些方面占世界总量的百分比。[24]

权力控制还具备可信度和意志的功能。把核武器作为施展权力的工具的问题在于,它们的破坏力过于强大,除非确有必要,否则使用它们不是一种可信的威胁。规模位居前列的国家,如果其领导人较弱,或者政府因历史原因或国内政局混乱而受到束缚,可能会被视为实力较弱。但棋盘政治学有一条亘古不变的铁律,即大国比小国更重要,因为它们更有实力去威胁、控制和设定议程,也有更大的能力去部署必要的资源来塑造自己的偏好。

网络权力为国家增加了一些额外的能力:一国拥有的连接数量,创建更多连接的能力,以及控制谁能连接谁不能连接的能力。[25] 在乔舒亚·雷默看来,掌握网络权力的关键是把关:包容和排斥的能力。这是一种非常古老的权力形式,如今正在一个新的虚拟世界中发挥作用。当我一开始讨论网络时,我强调了它们是如何使那些无法再通过传统国际机构办事的政府聚集起来,以更快更灵活的方式采取行动的。这相当于使用新方法——网络——实现老目的：打破僵局或到处谈判直到获得满意的结果。

权力合作的起点则不一样。它是许多人共同实现、个人无法独自获得的权力。[26] 想想水的力量。一滴水不会造成伤害，足够多的水滴聚集在一起，被足够的能量推动，就会形成破坏性极大的洪水。

权力合作不是一种能力，而是一种涌现的属性。与权力控制一样，权力合作可以让个人（或机构）做到原本不可能做到的事情。权力控制从一个参与者——个人、集团或机构——开始，权力合作只能在与他人建立联系的情况下才可以行使。想想一个市长与一群暴徒的力量的区别。市长能够在她的城市里发号施令，遇到麻烦的时候她可以召集警察，聘用和解雇官员，提出预算方案。暴徒中没有人具有这种力量，但暴徒可以推翻市长。

作为福特主义和法西斯主义替代品的权力合作

权力合作的概念是 20 世纪 20 年代和 30 年代组织学理论先驱、"现代管理学之母"玛丽·帕克·芙丽特提出的。在一个机械的生产线和僵化的企业等级世界里，她支持工人的赋权和参与,她认为"权力控制"实际上是"伪权力",只有"权力合作"才是真实的:"真正的权力不是高压式的控制,而是相互作用式的控制……是每个人灵魂的丰富和发展"。她的兴趣不在于如何定位和积聚权力,而是如何发展权力。"真正的权力,"她写道,"只有挣脱了专制的掌控才能得以发展。"[27]

20世纪伟大的政治哲学家汉娜·阿伦特在一个截然不同的背景下也注意到这一点,提出了关于政府合法性和持久性的理论。阿伦特把权力视为彻头彻尾的联系性,来自"纯粹的人类的聚集"。[28]她写道:"权力不仅与人类的行为能力相匹配,还与人类配合行动的能力相匹配。"[29]它是一种涌现的属性:它不能被保持或积聚,相反,它是自发的且必须不停地反复涌现。阿伦特又认为,"当人们一起行动时,权力就会在他们之间产生,当人们散开时,权力就消失了"。[30]

与权力控制不同,阿伦特的权力观并不依赖于"征服和服从,但依赖于同意(一个倡议)和支持(对主动接受者来说)"。[31]因此,她相信,没有被统治者的认可,没有真正的权力根基,任何政府都不会持久。当缺失这种权力时,统治者就会以暴力及其他强制手段去获取权力控制。从这个角度看,如阿萨德在叙利亚的所作所为,正反映出他**缺乏**统治这个国家的持久的力量。

但在芙丽特和阿伦特生活的年代，权力合作就像山洪暴发：让人生畏但也罕有发生。拥有虚拟的连接、沟通与集会手段后，任何事情的"快闪"都更容易出现。"快闪族"指为了一项不寻常的或明显毫无意义的活动而在短时间内聚集在一起的一群人。"聪明行动族"的目的性更强。[32] 权力合作因此要经受更仔细的检验。与权力控制一样，权力合作可以被定义、评估、强化或削弱。但权力控制可以像武器一样被使用，权力合作只能像训练那样被练习。在必要时，权力控制可以被汇聚、存储和使用；权力合作只有当它涌现时才可以被引导。

回忆一下第二章我们对"经济人"和"社会人"的讨论。权力控制和权力合作来自人性的不同方面。和往常一样，我们在本书中讨论的是都/和而不是此/彼。认识一种新力量并不会否定旧力量的存在或其重要性。"经济人"会计算自己的利益，并竭尽所能去推进它们。"社会人"感受到与他人连接的力量，并调整自己的行为去适应别人。

这就是为什么对权力的讨论会出现在与外交政策研究截然不同的文献中。例如，迪安娜·赞特在一个公民技术社群里描述了分享如何增加了个人和中介的力量："我们如何分享信息、寻找社区，以及连接和断开，将给我们在世界上的位置以前所未有的影响力。"[33] 企业家莉萨·甘斯基同样把分享的心理形容成一种破坏性的经济力量。[34] 这些作者讲述的是人类对连接、归属感和分享权力的发自内心的渴望，这种权力不能由决策者和政策制定者行使，但如果得到适当理解，这种权力就能被鼓励或培育。

为了理解权力控制和权力合作之间的完全区别，让我们来思考一下这个网络时代两种截然不同的权力，它们都来自外交政策和商业世界。

把关：排斥的力量

理解网络时代权力的一个方式是把关，即"网络中接纳或排斥节点的各种程序"。[35] 在《第七感》中，乔舒亚·雷默认识到网络已通过缩短时间重塑了世界格局。过去从欧洲乘船去新大陆需要3个月，因为跨大西洋航空网络的出现，现在坐飞机只需要6个小时。地球上任何地方的实时视频信号都在毫秒之间就能传播出去。这些网络给我们的世界叠加了新的拓扑结构，这些虚拟地图可以作为"连接的结果"快速重新排列。它们"随着连接速度和厚度的变化而快速改变，依赖于设计，依赖于联系谁"。[36] 权力在于能控制网络，掌控一个已知网络的设计、速度和成员。换言之，守门。

按照雷默的观点,"权力在于封闭空间的建构和控制",他称其为"门内之地"。我们的日常生活遍布着这些封闭的、可进出的网络世界:金融市场、脸书、互联网、美国公民身份。这些门内之地的创造者和控制者——把关人,把控着当今社会最"重要、强大且有影响力的"以及"有利的"位置——尤其是因为生存取决于管理谁进谁出。[37]

参与:接触的力量

下棋就是竞争。棋盘世界的策略都是关于如何获胜的。正如我们在第一章中看到的,过去半个世纪国际关系理论的最大争论,都在讨论竞争是零和的还是能够成为正和的——允许存在多个赢家。但对**赢**的渴望是毋庸置疑的。

然而,竞争只是人性的一面。连接是另一面。我们知道,翻看家人照片或展现人与人之间的爱能够让我们不那么求胜心切。释放我们人性中关怀的一面,会让我们想起与他人连接时获得的巨大愉悦。我们不再需要获胜,但我们确实需要被看到和被认可,去归属,去发挥作用,去分享,去参与。

杰里米·海曼斯经营着一家名为 Purpose 的公司,作为一家"公益公司",它通过与大量人群接触发起社会运动,创造定制媒体工具，为推进诸如枪支管制和同性恋权益等进步事业的组织提供咨询。[38] 享利·蒂姆斯是位于 92 街的青年友谊会的总裁，该会是曼哈顿一个令人尊敬的机构，几十年来为一个关系紧密的纽约社区提供智力激励、文化和连接。最近，他一直在支持一项名为周二捐赠（#GivingTuesday）的全球性慈善运动，号召社群、企业、组织和个人在感恩节后的周二庆祝慷慨和给予。[39]

海曼斯和蒂姆斯追随芙丽特和阿伦特的脚步，从 21 世纪公民参与的优势出发，把**权力合作**称为"新权力"，认为这种权力基于大众参与和同伴合作。[40] 我们看到它在维基百科、点对点借贷、"阿拉伯之春"和 ISIS 中都发挥了作用。

"新权力"与"旧权力"的区别，就是能被掌控的权力和不能被控制的权力之间的区别。旧权力"就像货币一样运作，由少数人持有。一旦获得，就会被尽力保护起来，有权有势者会有大量的钱可以花。它是封闭的，难以接近的，由领导者驱动的。它可以被下放，也可以被夺取。"[41]

相反，新权力的"运作方式不同，它像电流。它是由许多人制造的。它是开放的，可参与的，由同行驱动的。它可以向上作用，也可以被向下分配。像水流或电流一样，它在涌现时最有力量。拥有新权力的目标不是贮藏它，而是引导它"。[42]

第七章
网络力量

最有意思的是，新权力可以从人类的连接中生成，就像挖掘数据会产生比特币一样。海曼斯和蒂姆斯画出了一个逐次上升的参与度，从消费到共享、塑造、融资和生产，再到共同拥有（如图7-1所示）。

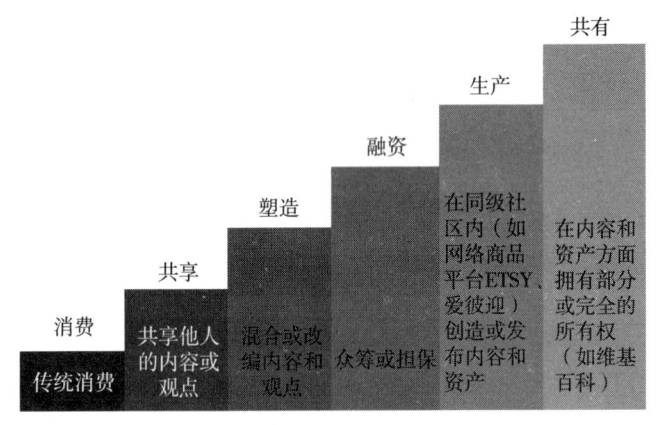

图7-1 参与尺度表

参与利用了社会人渴望归属于某个更大实体的深层欲望。它可以自发地让两个或更多人走到一起，并决定承担某个项目，就像孩子们决定盖一座米奇妙妙屋、建一个堡垒或开个茶话会。它也可以通过企业邀请客户参与产品设计，或者恐怖分子号召青少年加入一个忠于愤怒的神的新家庭来组织和设计。[43]

当慎重实践时，参与的力量表现为一种参与度的策略，和一种创造共同项目的策略。连接网络中的两个节点只会在它们之间建立一种正式的联系。能量、对话、讨论、分享经验和合作在其中流动，这种流动把它们联系在一起。当这些流动从不同方向汇聚起来成为一个更大网络的一部分时，它们变得更加重要。参与一个共同事业或一系列相关共同事业的各个部分，可以让节点意识到自己是一个更大整体的一部分，从而获得力量和舒适感。

技术作家蒂姆·奥莱利提出了设计开放系统的另一种方式，即引导自私自利的个人努力为一个更大的整体做出贡献。此类"参与的架构"是最成功的共同项目的基础，比如万维网。万维网的发展常常主要与专利软件开发人员有关，实际上是开源的胜利。HTML——"编写网页的计算机语言"，易于访问且足够简单，普通用户也能参与其中。每个出于某种原因创建网页的业余程序员都会为更大的架构贡献一个节点，且这种贡献是**自动产生的**。与维基百科依赖于一定程度的无私不同，万维网的架构是"用户追求'自私'的利益却自动形成了具有共同价值的副产品"。[44]

需要指出的是，从把关人到参与者的转变需要视角的转换。把关采取设置把关人的形式：由个人、机构或机器决定接纳谁或排除谁。把关是能够以第一人称来行使的权力。

参与是以第一人称进行的，但它所产生的权力只能以第一人称复数的形式来行使,即"我们"而不是"我"。这与古代宗教寓言和中国哲学家的思想一致,"将欲取之,必先予之"。个人、机构或机器都可以创造参与的机会,也可以邀请或鼓励他人参与。但只有参与者才能决定这么做——想想那些把自己的国家视为一个精心设计的伪装的苏联公民:"我们假装工作,他们假装付给我们工资。"如果确实参与了,那么**参与者**就能手握权力,但只能是与其他参与者共同拥有的权力。

统筹力量

就我们所讨论的网络世界的权力而言,棋盘世界的权力依旧存在且继续发挥着作用。法庭执行法律;国际联盟维系公认的边界;海军在航线上巡逻。独裁者可以向他们的人民扔桶装炸弹,或者命令军队入侵其他国家。担心新权力的国家可能会切断其国民与世界网络的联系,甚至不惜投入巨大的经济和社会成本。

理解网络的力量和网络中的力量,以及权力控制和权力合作更深层次的区别,必须与那些有关权力的旧观念相结合。例如,泰迪·罗斯福的座右铭"温言在口,大棒在手",仍然与美国在叙利亚的政策完美契合,美国在叙利亚没有使用武力来捍卫红线，这使得其外交实践变得更加困难。

正如棋盘世界一样，网络世界权力的行使归根结底是由领袖决定的，即使那些领袖组成了一个比传统外交精英团队规模更大、更多样的群体，即使他们明白他们的权力在多大程度上取决于共同决策——不是"粉丝"的决定，而是那些把参与其中作为共同事业的人做出的决定。

2009年，我在文章中写道，在一个网络化的世界里，"衡量权力的标准是联通性"，即"建立最大数量有价值的连接的能力"。有一些早期的拥护者坚持这种观点。2007年，美国海军、海军陆战队和海岸警卫队发布的联合海上战略声称，要与更多国家开展合作。该战略认识到，"培育一个由相互依赖的贸易、金融、信息、法律、人民和治理模式组成的和平的全球体系"最符合美国的利益。[45]

如今，连通性是衡量权力的关键尺度这个观点普遍被政府接受。美国国家情报委员会《2016年全球趋势报告》预测，在未来几年里，"在塑造未来事件的过程中，培养关系和利用信息的能力"和"培养信任和可信度的能力将与军事和经济实力同样重要"。[46] 报告的作者还指出："最强大的实体将利用国家、企业、社会和宗教运动，利用一些个人去创建针对各种问题的合作网络。"

然而，理解连通性的力量如何发挥作用很关键。正如我在2009年提出的："它不是可以强加结果的力量。网络不会被指挥和控制，尽管它们可以被管理和精心安排。多个参与者组成的整体要比各个部分的总和更重要——管弦乐队因指挥家的想法和每个音乐家的不同才华而演奏出不同的乐章。"[47]它是一种唤起而不是强加的力量。

一个真正的管弦乐队指挥家当然有足够的权力控制和权力合作。至少在一些管弦乐队，她可以雇用或解雇乐手。即便没有这些权力，她也可以让一些人的事业蒸蒸日上，同时让另一些人的事业发展不畅，她还能决定演奏什么曲子。但是，指挥家和将军必须用不同的方式来领导团队。

正如下一章将讨论的，一些将军对领导力的看法非常不一样，大学校长和连续创业者也是如此。奥瑞·布莱福曼和罗德·贝克斯特朗坚持海星式组织的可能性，即参与者同步移动，没有任何形式的中心方向。权力合作可以这样运作，但持续时间不长。领导者依然不可或缺。但我们需要对棋盘和网络世界中的领导者是谁、他们到底在做什么有一个更全面的了解。

第八章
网络领导方式

我最喜欢的领导力的定义是由我的导师、榜样和朋友南内尔·柯念兰在《思考领导力》一书中提出来的。柯念兰曾任韦尔斯利学院和杜克大学的校长,工作出色,正如我们在第六章中看到的那样,她把领导一个大学比作率领一支舰队。她对领导力的更广泛的定义远远超出了常春藤围墙内的世界:"领导者为群体确定或阐明目标,并集中群体中每个成员的能量来实现这些目标。"[1]

这个描述同样适用于大学、企业或社会运动。《思考领导力》一书的论述从罗得岛首府普罗维登斯一个无家可归者安置点的例子开始,那里的领导者在被成员质疑其合法性之后选择辞职。团队很快陷入争吵和争斗,这表明,即便是最普通的组织也需要领导者,只要其他成员同意,一个组织的任何成员都可以成为领导者。[2]

柯念兰关于领导力的定义尤其适用于网络,因为网络中不存在任何正式的命令构架。她提出的"个体组成的群体"使得一个完全扁平化的结构成为可能,在这种结构中,领导者没有能力去"决定"而只能"阐明"群体的目标——通常由群体自己做决定。

明确群体目标的前提是群体成员的目标独立于领导的愿望或命令。这就是网络的特征:节点都是独立的行为体,有自己的观点。为了实现目标,下一步领导要做的是把群体成员的能量"汇聚起来"。"汇聚起来"是"命令"的婉转说法,但它更像激励而非指挥,是一个扁平的集体动机过程而非垂直的"看齐"。

明确目标和汇聚能量似乎比许多传统的领导力定义要温和一些,在传统的领导力定义中,我们想象领导者有远见、有魅力或有力量把追随者团结在她身后。我喜欢柯念兰的定义的原因之一,是它能同时很好地说明权力控制和权力合作,能同时适用于棋盘和网络世界。但与一些假定领导人缺席的权力愿景不同,就像"阿拉伯之春"这种"无领袖的革命",柯念兰的观点是,有效的集体行动需要指挥,无论这种指挥如何温和或隐蔽。[3]

网络世界的领导力也是如此。用于网络领导力的词语具有启发性：最常见的一个词是音乐而不是军事。领导者常常被形容为"像指挥乐队一样指挥"一个网络，它最初的意思是找出哪种乐器适合演奏哪段乐曲，思考如何把不同的音乐组织在一起。[4]例如，开放式创新学者受亨利·切萨布鲁夫启发，坚持认为创新网络组织有一个具备"编配能力"的中枢，可以把各种内部和外部网络参与者的资源和能力整合在一起。[5]

其他动词还有"管理""动员""连接""故障排除""编程""指挥""构成""设计""聚集"。[6]通常不会用来形容领导者的名词则包括："策划人""合作经理""合伙人""网络人""系统整合者""系统企业家""协调者""麻烦解决者""问题解决者"。[7]然而，别搞错了，这些词都可以用于描述**使事情发生的**方法。它们都符合本书采用的领导力定义。没有它们，网络将无法工作。

网络领导力和网络领导者两个概念大相径庭，它们又有自己的子概念，从这个意义上说，一个人能够把自己宣传为具备特殊技能和属性的网络领导者。另外，网络领导力在不同的网络中表现出不同的形式：领导者在恢复力网络、任务网络和规模网络中的地位和行动往往会有所不同。然而，确定形成网络领导力核心的共同技能和属性是可能的。

在本章中，我把这些技能和属性归纳为"5C"：明确（clarification）、管理（curation）、连接（connection）、培育（cultivation）和催化（catalysis）。[8]最后一个词有点儿古怪，但它是一个极其重要的程序。理解和实践这5个C，学习如何让它们彼此适应，对于任何想要在网络世界中发挥领导作用的公共、私人或社会部门来说都是至关重要的。

明　确

领导力始于明确目标，柯念兰把它形容为"为共同问题提供解决方案或为如何实现共同目的提供想法"。从根本上看，当群体中的某成员"站出来"并针对如何解决或实现某件事"提出建议"时，明确目标的工作就开始了。[9]但这并不是终点。明确目标的工作是持续和不断重复的。它可能包括幕后的谈话、灵活的引导辩论和有效的说服。有效的领导者会以本机构独特的方式提出想法。杂志总编在收到下级的信息后首先明确选题方向，而编辑可能会提出粗略的故事构思，在与记者反复讨论后，最终的内容方案才能确定下来。

在一个网络构建者看来，明确目标常常意味着首先决定谁应该在网络中。例如，打造一个规模协作网络需要确定所有节点必须共享的目标，例如不仅是改善全球健康，还包括战胜某种特殊的疾病。建立一个极其稳定的网络同样依赖于明确一系列目标，并选择恰当的政府官员与之建立连接，例如拥有正直声誉的人。在这些情况下，明确目标可归纳为策划。

另外，明确目标可能与通过建立共识来培养信任存在重叠。假定网络中的所有成员在一个相当抽象的层面上有共同的目标：他们都想击败恐怖分子或毒贩；都想把清洁的水带给全人类；都想成为创新生态系统的一部分。因此，明确目标意味着通过发起讨论并解决分歧——本质上是精耕细作和拔除杂草——不断地细化这些目标在实践中的意义。

在实践中，细化共同目标的过程也需要不断提醒和重新关注那些偏离目标的网络成员，任何父母都很熟悉这一过程，就像提醒孩子总的目标是取得好成绩，具体目标是不把时间耗费在观看 YouTube 视频和用脸书联系朋友上。在这种情况下，领导者的行动感觉十分像不停地唠叨和抱怨。然而事实上，激励孩子去做一些你们都认为对他们的未来十分重要的事情，是一种更扁平化的父母领导形式：从长远来看，它比居高临下的命令要好得多。

管 理

正如我们在第六章中讨论的那样,对许多网络而言,多就是少。仔细筛选与谁连接是网络构建和领导力的关键。回想一下协作网络GAVI——全球疫苗免疫联盟。GAVI把盖茨基金会、世界卫生组织、联合国儿童基金会和世界银行组织在一起,与发达国家和发展中国家政府及其制药企业、民间社会组织以及世界各地的研究和技术机构合作。

如果没有一个强有力的中心领导节点——运用本书介绍的所有属性,GAVI就无法发挥作用。但第一步是尽可能精确地确定网络成员的标准,启动一个主动和被动选择的程序。想象一个著名的音乐节目支持人:她知道如何通过积极寻找、接受建议甚至自我选择来找到适合某个播放列表的新歌;她可能会根据自己之前的喜好、写歌或发推文的听众,以及推送自己作品的作曲家,从声田音乐播放器的"每周新发现"上收集歌曲。一个成功的网络策划流程必须同时是广泛的和集中的。

在创新网络中,组织成员同样重要。企业开放创新范式的构建者提出了深度与广度联系、正式和非正式联系的理想组合。

深度与广度联系类似马克·格兰诺维特对强联系和弱联系

的分析；深度联系可以创造信任和轻松的合作，但在把新的想法和信息流带入创新过程方面却不太成功。广度联系则撒下一张捕捉新事物的大网，却很难激活共同创造的目标。正式联系可以被控制，非正式联系往往令人出乎意料，却能带来意外的价值。

管理人员、机构或其他构成节点的行为体很重要，管理中央平台上可用的资源同样重要。回想一下海地地震时志愿者筛选的求救文本，或者由谷歌的技术孵化器 Jigsaw 开发的平台，这些平台汇总并整理了大量视频、金融数据和其他信息，以帮助调查人员和记者。

策划如此重要，以至一个运行稳定、响应积极、合作或累积网络的优秀网络领导团队应配备一名全职策划。雷默认为，集中化资源与大规模分布的结合是网络力量的本质，这也是伟大策划的秘密：为了对一个大规模分布的网络有用，可用的资源必须宽裕且要慎重选择。

连 接

如果说网络是一系列相互连接的节点，那么说网络领导者必须"连接"网络成员似乎是多余的。然而，"连接"实际上更具挑战性，更为耗时。当我们描述一个优秀的"网络人"时，我们指的是那些擅长把自己和对己有用的人联系起来的人。连接人则是指擅长将人们联系在一起的人。

好的连接人是协作机会的挖掘者。我在担任新美国公司首席执行官时所做的最多的事，就是寻找是否有两个我认识的人——可能两人都就职于新美国公司，也可能一个在公司内部而另一个不在——都在做着类似或互补的工作，且可以从彼此的连接中获益。我的职责是建立这种联系，确保双方很快就能了解连接的价值。如果只有我看到了这件事情的价值，我就是浪费了包括我在内的所有人的时间。

这部分连接的实质是相互施肥：传播像肥料一样的知识，帮助很多东西生长。这在一定程度上受自利驱动，就像当两个新美国公司内的节点以有利于工作的方式连接时，我也会从中获益。但是，一个好的连接人同时也是一个强迫性的分享者，受到同样的人类冲动的驱动，这种冲动使社交媒体、众筹和各种基于分享和协作的新经济模式蓬勃发展起来。我们发现自己喜欢的事物，就会马上想到别人也会喜欢它，他们会从中获益，然后将其传播出去。

这种联系方式和分享的冲动对社会人来说很珍贵，它可以创造和加强一种慷慨的文化，这种文化是参与的基石。权力控制缩小了选择的范围，甚至控制着一系列选择，权力合作则扩大了进入权力圈的范围，让尽可能多的人得以与他人建立联系，形成一个共同目标。我们必须培养这种文化，但它始于连接。

连接的第三个重要内容，是确保网络上有可以循环流动的能量，最恰当的形容是信息的"碰撞"。回到我们设计网络的基本原则上来：一个只通过正式的或常规的通信集合连接起来的由个人或组织组成的网络是没有生命的。它的活力源于贯穿整个网络的能量流，这种流动以思想、情感或消息的形式出现。社会物理学要求社交性。一个出色的连接人应持续与网络中的其他成员互动，看他们正在做什么，阅读并转发他们的消息，对他们生活中愉快、忧伤或骄傲的事情做出回应。我们都认识这种连接人，他们点亮了我们的生活。他们也是领导者，尽管常常默默无闻。

培 育

尽管坦克和直升机已经取代骑兵很久了，但说到"将军"，我们中的许多人脑海中仍然会快速浮现出一个男人在白马上挥舞着刀剑、率领军队进入战场的画面。这个画面是经典的领导者和追随者关系的核心。想象一下，当我看到斯坦利·麦克里斯特尔在《赋能》一书中有关领导力的论述时,我那吃惊的表情。

书中有一章的标题是"像园丁一样去领导"。麦克里斯特尔接下来阐述了"园丁式领导者"的特点。他的主要观点是,园丁式领导者不指挥,而是"创造一个可以让植物茁壮成长的环境。同时要做到提前准备,小心维护,让植物能够在同一时间自我生长"。[10] 播种很重要,但小心维护、田间管理让领导者变得更有效率。

乔治·舒尔兹,先后担任过美国劳工部长、财政部长和国务卿,他也用类似的比喻来形容国家首席外交官的工作。他写道,努力培育并持续维护关系是"外交工作中最被低估"的方面之一。我在普林斯顿大学任教时,他曾在新生研讨会上做过演讲,学生被他深深地吸引,他讲述了如何处理与其他国家的关系,如何帮助它们发展,如何在它们发展到足以阻塞沟通渠道或破坏至关重要的信任之前拔除杂草。数年后,他在外交关系委员会接受采访时说,"防止杂草超出控制的办法,就是不断地在早期处理它们"。[11]

另一个把领导者比喻成园丁的想法来自英国成功的连续创业家斯蒂芬妮·雪莉爵士,她谈到了自己"培育并维护"自己企业的方式。她总是允许员工有灵活的、以家庭为基础的时间表，当她需要请3个月的假去照顾她患有自闭症的十几岁的儿子时，她自己也从中获益。

"事实是，没有我，他们照样做得很好，这可能会让我感到失落。所以，这就是当你建立一个组织时你要做好的心理准备：它不是只有我一个人，"雪莉在与国家公共广播电台的雷切尔·马丁对话时说，"当我管理企业时，我把自己想成……一名园丁。我让组织成长，也让人成长，我不仅发展自己的公司，还建立了4个慈善机构，目前它们完全独立运行。"[12] 巴克莱银行副董事长芭芭拉·伯恩是一个金融界女性精英小圈子的元老，她认为，自己在工作中最大的满足感是，"像种花一样投资和培育人才。我把他们都培育成盛开的花朵"。[13]

对女性来说，将领导能力理解为一种培育尤其容易，因为传统上，女性负责养育孩子，这本身就是一个农业方面的隐喻。但许多聪明的男性也这么做。这种领导方式很适合联盟和网络，这种松散的组织安排，既依靠戒律和奖金，也依靠信任和对共同使命的承诺。切萨布鲁夫对创新网络如何编排和管理的一个著名的研究，就是聚焦于建立信任。[14] 一个负责编排和管理组织开放创新网络的领导者，必须努力维护并不断深化与外部的关系："持续不断的互动孕育了网络内的信任"。[15]

培养有效的网络领导力所需的技能包括委托和授权，解决麻烦和处理冲突，设定和强化边界。委托和授权是培育过程中的培植：分担责任和权力，鼓励其他人发展，同时创造条件帮助他们成功。解决麻烦和处理冲突是除草：在问题出现前发现它们，保证麻烦在发生时可以被有效管理和解决。

最后，正如任何父母和经理都知道的，创造一个信任和自力更生的环境需要设定和强化边界。如果什么事情都能做，就意味着什么事情都做不成。行为规范、伦理文化和对可接受和不可接受行为的明确定义，形成了一个安全空间，把无节制的行为排除在外。

精耕细作在一个庞大的网络里可能很难做到。在这种情况下，在负责网络其余部分的一小群领导者中建立信任和授权是很重要的。慈善家杰弗里·沃克研究了如何建立"基于事业的协作"，我将其描述为致力于生产和传播社会产品的协作网络的一个子网络。他强调了"诚实/公正的中介"，"个人、团体或实体"作为"卓越的网络人"、麻烦终结者和问题解决者的核心重要性，他们能够"把人们聚集起来，能够在一个根本不同的群体中找到各成员之间的共同联系"。[16]

然而，仅仅有中介人是不够的。他或她需要"一小群目标明确的人"，他们能够为整个网络提供"协作黏合剂"。在实践中，这意味着"召集会议、共享知识、汇聚资源、跟踪结果，并让各相关方为其承诺负责,直到实现共同的目标"。[17]如果中介人在地里种下种子,这个群体的成员就会除草并维持灌溉计划。

此类群体的一个例子是英国首相的"服务传送小组",由时任首相托尼·布莱尔于2001年创立,旨在保证各政府部门执行首相提出的公共服务改革任务。该小组由迈克尔·巴伯爵士领导,负责协助制定目标,责成各部门达成目标,并研发和分享解决问题的技术。但最重要的是,它在各主管政府部门之间建立了"信任关系"。[18]"服务传送小组"的设计虽然基于英国的情况,但是已被全球多个国家和世界银行采纳。

在商界,切萨布鲁夫和他的研究伙伴就创新网络得出相似的结论。他们认为,在"激进创新"的案例中——生产一个更好的捕鼠器,或者种植一种更美味的转基因番茄(他们提出的例子),"一小部分核心参与者"必须"和启动创新所需的所有参与者一起管理外部网络"。因为,引进一个全新的创意或产品会颠覆网络中现有的价值分配,核心圈子必须积极"处理合作伙伴之间潜在的冲突"。培育和维护再次成为关键:网络中"总价值的形成取决于合作伙伴关系的质量"。[19]

园丁式领导者可能是网络世界与棋盘世界最大的不同。我们很难想象一位地缘政治方面的大师级下棋人会做"园艺"或

"种植"。网络需要培育,而等级结构(虽然培育会让它们更好地发展)不需要。随之而来的收获就是合作、协作、创新和恢复力。

催 化

当众多不同的参与者出于各自的目的组建网络时,连接本身就是共同行为的催化剂。想想"阿拉伯之春"或"占领运动"的抗议者吧。但在其他网络中,尤其是恢复力网络和执行网络,有必要把产生作用的参与者考虑进来。

对斯坦利·麦克里斯特尔和他在伊拉克的联合特遣部队而言,催化剂是他亲自出现在每一次的"行动与情报"电话会议中,这些电话会议从来不会被取消或推迟。随着他和他的资深领导层从参加者身上挖掘出更多有价值的信息和见解,其他部门——有些部门起初不愿意分享信息——也开始参加每次的电话会议,并做出贡献。[20] 对于一个创新网络来说,催化剂是一种呼吁,它针对某个具体问题向参与者征集特定的创意或解决方案,并激励参与者响应。在一个复制网络中,催化剂就是直接向参与者灌输可复制的想法或公式。

催化剂不仅能点燃网络中的火花,还能维持和重新激活网络中的行动。绘制人类基因图谱是史上最大的生物协作项目，它把一些科学管理部门和研究机构汇集起来，包括美国能源部和美国国立卫生研究院。英国生物医疗研究慈善机构维康信托基金也是这个项目的成员之一。[21] 该基金一手推动了英国参与这一项目，并组建了一个名为桑格研究所的基因测序中心，吸纳一些重要的合作伙伴。1998年，为了加快项目进度，维康加倍投资，投资总额超过2亿英镑。[22] 桑格研究所成功破译了三分之一的人类基因，远多于其他任何研究机构。[23]

在其他情况下，尤其是在一个存在领导中心的小型网络集群中，催化活动需要不同寻常的说服能力。人类不是化学制品，参与者或许可以引起混乱，但不能自己决策。促使共识最终达成的人常常必须是个劝说者。

然而，说服所必需的主要属性既不是掌握实际情况，也不是拥有修辞天赋。劝说他人的第一步是，你要明显且真挚地愿意被自己说服。请记住，信息级联的科学告诉我们，一个想法，无论它有多好，如果网络中的人对改变有很高的临界值，它就不会被传播。一个有说服力的领导者可以通过建模接受来降低这些临界值。如果你暗示对方什么事都无法改变你，那么很明显，任何讨论都是千篇一律的自言自语，而不是真正的对话。

把这种情形与卢克斯"三维权力观"中权力的第三个维度

相对照，后者是指通过文化和意识形态塑造偏好，属于权力控制。权力合作的参与者必须超越自己已有的偏好，并努力去改变它们。为此，他们必须不是做做样子，而是真心实意地调整自己的偏好。期望成为催化剂的网络领导者必须做好准备改变自己，就像他改变别人一样。

从新种姓到无种姓

追随领导者。这是我们小时候玩儿的一个游戏，也是成年后仍然会做的一个假设：所有组织的有效行动都需要一些人去领导，其他人去追随。就像麦克里斯特尔对学生说的那样，即便是走在街上的两个人，也势必以一人为主。如果是两位军人走在一起，可能真是这样，而我丈夫和我似乎没有主次之分。但对更复杂的行动来说，我们通常也会找出一个领导者。

2011年年初，这一假设引发了许多关于谁真正领导着开罗解放广场示威者的新闻报道，2月9日《纽约时报》的头条是："寻找反对派领袖。"[24] 文章列出了脸书活跃用户瓦埃尔·戈尼姆，诺贝尔和平奖得主穆罕默德·巴拉迪，穆斯林兄弟会领导人穆罕默德·巴迪耶，"明天党"（Ghad）领导人艾曼·努尔，以及另一个诺贝尔奖得主、化学家艾哈迈德·泽维尔。

然而，示威者自己拒绝任命领导人。就连用脸书网页和推特鼓动了数万名示威者的戈尼姆也拒绝担任领导人。他们担心，承认自己的领导人身份会导致立即被捕，随着埃及革命进入政府反击和报复阶段，这个想法被证实是千真万确的。

然而，他们拒绝的另一个原因，是戈尼姆和他同时代的人几乎都把领导的概念视为权力合作。作为数字原生代，他们并不是从原子化的行为人的视角来看待世界的，这种行为人需要领导者代表他们并组织行动。他们从一个庞大的个人网络的角度看待世界，这个网络只需要协调和激活，就可以让人们走上街头，提出变革的要求。解放广场以及埃及更小一些的城镇广场上聚集的无数的人，最需要的是保证自己并非单枪匹马；其他人也如他们一样，想要一个令人满意的政府，结束腐败。

当戈尼姆在脸书上创建网页"我们都是哈利德·赛义德"时，他就提供了这种保证，给成千上万民众提供了一个聚集地，让他们的想法被外人知晓，并从汇聚的人群中汲取力量。在接受《新闻周刊》的采访时，戈尼姆坚称，他的目的是"通过我未知的个性，增加人们与群体之间的联系。通过这种方式，我们建立了一支志愿者大军"。[25]

戈尼姆及其追随者释放出来的力量足以颠覆一个政府，甚至会提醒继任政府，它是在人们顺从的情况下执政的。从某些方面看，阿卜杜勒·法塔赫·塞西将军的政府吸取了这些教训：他更关心贫困人口所经受的经济困境。但权力合作很快就让位给权力控制，"无领导者的革命"让位给一个大权在握的政府。最终，埃及民众没有成为一个维持长久变革的网络。那些连接了戈尼姆脸书网页、满怀希望的人能够摧毁但不能创造，能够抗议但不能决定议程次序，能够狂欢但不能脚踏实地去执行。

社交媒体和其他技术平台让权力和行动的民主化成为可能，而且这种民主化的程度史无前例。乌合之众总是能够汇聚在一起，但是我们现在有可能会保持一种联系，这种联系在乌合之众汇聚之前以及在他们作鸟兽散之后会一直存在。网络化民主还只处于起步阶段，失败的案例多，成功的案例少。[26] 但是，通过网络实现治理或自我治理的可能性仍然存在，而且这种可能性正在激励着全球新一代政治家。和所有连接一样，这种网络并非十全十美。它们可能会聚集一些令人很不安的想法和价值观，将被剥夺者的偏激、野蛮和无知连接在一起。但它们依然正在形成。

在社会学家曼纽尔·卡斯特看来，网络力量主要由程序员掌握着，他们设计网络，制定协议、规则和结构，决定信息如何流动以及谁能加入进来。抓住这一点，乔舒亚·雷默把领导者视为建立和运营网络的技术行家，他们是"主宰"，是"新种姓"：马克·扎克伯格，美国国家安全局，纽约证券交易所的编码员和当权者。

这个新种姓只能使用权力控制。权力合作是彻底民主化的。没有领导者的网络将无法运作，但各行各业都出现了新的领导人。他们的数量远多于现在的外交政策制定者和领导者，他们最好的定义就是没有种姓。他们是年轻（和不那么年轻）的公民和社会企业家、活动家和新一代政治家。皮娅·曼西尼是阿根廷"网络党"的联合创始人兼领导人，这个组织让那些承诺投票的候选人参加竞选，并根据开源平台 DemocracyOS 收集的民意提出议案。曼西尼和她的团队打造了一个类似工具的平台，让政府更具参与性和问责性，突尼斯、墨西哥、肯尼亚及其他国家的活动家和政治家已经开始使用它。[27] 另一个网络的新领导者是巴西生态学者阿达尔贝托·韦里西莫，他建立的非政府组织 Imazon 处理并发布了美国航空航天局公开的数据，这些数据显示了亚马孙流域的森林砍伐状况，以推动政府、企业和公众行动起来。2014 年，也就是韦里西莫开始他工作的 11 年后，亚马孙森林砍伐率较 1990 年下降了 76%。[28]

重要的是，这些新网络领导者了解网络领导力包含的技能和属性。网络领导者不会制订计划让其他人去执行，甚至不会像过去代议制政府那样代表其追随者的立场。相反，他们将成为阐明追随者——在他们眼中这些是同路人而非追随者——目标的个人；他们将管理参与者和他们提供的信息和资源，把他们的网络成员与其他人、想法和行动连接起来，同时培育网络中的个人和组织，培育整体环境和文化，尽其所能，谨慎、周到和有效地鼓励行动。

这些领导者也必须用立体的方式去领导，就像他们用立体的方式观察世界一样。他们至少需要一定的等级制度和指挥的权力，就像等级机构中的领导者必须掌握网络技能一样。最有效的领导者能够确定和明确他们所领导的团队的目标，并动员成员去实现目标，不管这个团队是一个等级机构、一个网络，还是二者兼具。

第九章
大战略

"大战略"是指一个国家如何均衡地驾驭所有的权力工具——军事、政治、经济、文化、技术和道德——去增进繁荣和安全。[1] 假设存在这种理想化的均衡，所有大战略中的大战略就是乔治·凯南的遏制战略：它是一个简单的想法，即阻止苏联扩张并坚持这条路线，直到它因内部斗争和矛盾而崩溃。[2] 比尔·克林顿的大战略是民主扩张——扩大民主国家的数量。乔治·布什支持"推动自由"和"结束暴政"：用美国的力量消除滋生恐怖主义的土壤。[3] 奥巴马，正如我们在前言中看到的那样，最初选择了接触，即一种连接的战略，但当时缺乏清晰的理论框架，不知道要建立何种网络，或者如何管理它们以促进美国的国家利益。

数字时代的大战略至少在一定程度上是连接的战略。它必须接受网络无所不在的事实，承认网络的力量，同时看到它们带来的机遇和威胁。但就像数字时代包含了工业时代一样，我们这个世界的大战略也要同时适用于棋盘世界和网络世界。它必须接受以国家为基础的国际秩序，它也要给基于人民的秩序预留空间。

我提出的"开放秩序构建"的大战略以三个支柱为基础：开放社会、开放政府和开放国际体系。这个时代要做的选择不是民主还是专制，而是开放还是封闭。[4]在《未来产业》一书中，"开放政府合作伙伴关系"（OGP）的缔造者之一亚历克·罗斯，按照"开放—封闭轴心"来排列各个国家，他指出，像沙特阿拉伯和科威特这样的国家正试图率先建造一个开放经济和封闭社会的混合模式。他预言，"拥抱开放的社会能更有效地开展竞争和获得成功"。[5]

开放还是封闭的选择，远不止贸易、人员和思想交流的开放。正如我们在本书中看到的，网络创造了自己的逻辑和思维。[6]网络之所以优于等级机构，是因为驱动它们的逻辑基础是开放的。开放意味着参与：网络接纳多数而非少数人的参与，并从这种参与中获得力量。开放意味着透明：它们战胜了控制和限制信息的努力，就像2016年7月土耳其的政变因总统雷杰普·埃尔多安及其支持者利用苹果视频通话、苹果直播和推特绕开军队对电视网络的控制而失败了一样。开放意味着自治：不同于一个受规则统治的等级机构，网络鼓励在一个原则框架内进行自组织。[7]

因此，"开放还是封闭"包含了一整套关于如何组织社会和政府的基本原则，这些原则与美国的历史和价值观相一致，即便我们常常无法实现它们。"开放秩序构建"大战略赞成和支持这些基本原则，也同意尽可能把它们运用到国际体系中。时不我待，开放还是封闭的战斗正在国家内部或国家之间打响，封闭的势力正在积聚力量。在美国和西欧一些拥有开放历史的国家，政治领导人正在用民粹主义的愤怒来抵御全球化。他们呼吁修建隔离墙，驱逐移民，限制贸易，并退出支持了几代人的全球稳定的联盟和组织。[8]在较封闭的国家，如俄罗斯和伊朗，政府努力阻拦和压制网络及其有关技术。贾里德·科恩和埃里克·施密特认为，各国对万维网的过滤和限制将加剧全球互联网分裂为孤立的国家网络。[9]

为了说明"开放秩序构建"大战略的概念和原则，我将把它和另一个连接大战略——乔舒亚·雷默提出的"硬把关"战略——相比较。我之所以选择雷默，他是外交思想家和实践家，他充分理解向网络时代转型的戏剧性和规模，但他的经验教训和建议与我的截然不同。还有一个原因，他是数字基辛格主义者，而我是数字威尔逊主义者。[10] 我们之间的争论是几十年来，实际上是几百年来的旧争论的最新一轮辩论，这场争论是在基于权力的外交还是基于价值观的外交的支持者之间展开的。正如我们在第一章中看到的，这两个阵营有许多标签：基辛格主义者与威尔逊主义者，现实主义者与自由国际主义者，（或者我倾向于使用的）国家集权主义者与人本主义者。[11]

在雷默看来，所有的一切都事关权力。在"崩溃和建设"的年代，国家之间的分裂轴心将超越"你是把关人还是守门人？"这个问题。把关人控制那些可以控制我们生活的网络。守门人身处网络内部且被其设计者控制。"硬把关"的大战略，以审慎构建的"安全的、精心设计的社群为基础，让它们去管理从贸易到网络信息再到科研的所有事情"。这些"门内之地"可以是实体的，也可以是虚拟的。[12] 其中一些将只会对美国开放；其他的一些对其盟友开放；所有这些设计都要确保美国永远是把关人，而不会是守门人。

每个势力的"门内之地"都会受其国家价值观的影响。美国的门内之地将反映"美国价值观中的民主选择、思想自由和隐私权"，以及"法治、决策过程的透明度和民主问责制"。其他国家将分别依据自己的历史、文化和国内政治"设计自己的领地"。[13] 传统的大国竞争将转移到数字领域，它们将努力拓展自己的"网络势力范围"。[14] 硬把关作为国家安全战略的目标，是使"美国主导的门内之地"在质量和可靠性方面最具吸引力，这样那些中小国家就会想要加入。[15] 这将是我们相较于其他大国的竞争力优势。

中国政府将乐见这一观点。事实上，雷默写道："鉴于欧洲、俄罗斯和中国建立了守门人制度，美国应该可以放松下来。"[16] 把欧洲和其他美国盟友与俄罗斯和中国划归为两个阵营，与基于普遍人权的共同价值观、各国政府之间建立起深厚关系的世界愿景形成了鲜明对比。同样令人担忧的是，雷默甘愿把20世纪的物理边界复制到21世纪的虚拟世界中，用数字屏障取代铁幕。

美国政府已经表明了对这个问题的立场。2010年，时任国务卿希拉里·克林顿在一次有关互联网自由的历史性演讲中指出，"随着网络遍布全球各国，虚拟围墙正在取代看得见的围墙"。在富兰克林·罗斯福的"四大自由"之上，她提出了"连接的自由——政府不应阻止人们连接互联网、网站或相互连接"。[17] 仅仅因为门内之地**能够**出现，并不意味着它们就应该出现，换句话说，美国不应该反对它们的涌现。

我们将依次探讨"开放秩序构建"大战略的每个支柱：开放社会、开放政府和开放国际体系。对学习国际关系的学生来说，这个大战略始于国内政治而非国际政治，实际上始于社会而非政府。[18] 它提供了一个把社会、国家和国际体系整合起来的构想。它把棋盘世界与网络世界结合起来，承认国家是全球舞台上强大且重要的行为体，但也接纳个人、团体、企业和机构，不是简单地把它们等同于国家行为体，而是把它们视为在全球网络中代表自己的行为体。

开放社会

每个大战略的首要原则都是保护美国公民和盟友的安全。这就是国家安全最基本层面上的含义。雷默同意，硬把关的第一个要素是"确保美国和身处这个国家的所有人的安全"。他提出的不仅仅是更完善的物理安全，也包括"为一个充满数字威胁的时代重建一个新互联网"。[19]

然而，在一个彻底的、持续连接的时代，无论围墙有多高、大门有多厚，都不可能保证个人的安全。对于 21 世纪大批入侵的黑客来说，安全承诺本身就是一种不可抗拒的诱惑。独狼式攻击者也是如此。在阻止此类攻击方面，独裁政权的境遇比民主国家好不了多少，它们牺牲了更多的公民自由。

因此，网络时代的常量之一就是对始终不会减少的不确定性的评估。这就是连接和复杂性的本质：即便是微小的扰动也会以不可预测的方式在网络上产生涟漪，有时甚至是破坏性的。更好的方式是拥抱开放，争取深度安全，这不是安全的承诺，而是恢复力和自力更生的承诺。克里斯·富赛尔和查尔斯·古德伊尔在即将出版的《赋能》续篇中，描述了组织如何调整连接结构以摆脱传统官僚机制的束缚，并应对复杂环境中固有的不确定性。他们列举了爱彼迎、财捷集团（个人理财软件Quicken的缔造者）等企业如何连接有用的人或物，增加灵活性，并借鉴了斯坦利·麦克里斯特尔在伊拉克的特别行动小组的其他经验。[20]

生活在一个开放的社会，我们需要考虑风险。我们应该期待政府建立监控和保护网络，但同时要确保公民的权利。21世纪起作用的多数公民权利将阐明并拥护数字权利。我们必须接受政府不能保证绝对安全的事实。一定程度上的不安全是自由和民主的代价。这个代价值得付出。[21]

公民参与

美国国土安全部前助理部长朱丽叶·凯耶姆认为，在这个世界上，公民可以而且应该做更多的事情来保障自己的安全。

她写道:"没有一个政府应该保证完全的安全,因为没有政府能做到。"[22] 政府的作用是"投资建立一个更具恢复力的国家",包括赋予公众知情权及其他权利,但政府更像是公众的合作伙伴而非保护者。政府也能从这样的关系中获益。恢复力理论家史蒂芬·弗林指出,如果美国人从政府获得更多的信息,而不是更少的信息来武装自己,那么他们能够帮助阻止或至少减轻灾难。

弗林提出疑问,如果美国当局在 2001 年 8 月召开新闻发布会,告知公众基地组织发出威胁的情报,告知他们政府掌握了劫机者要炸毁飞机或把飞机用作导弹的已知风险,那么会发生什么?许多人可能会认为这种发布会是危言耸听,但当劫机者声称要返回机场时,那些坐在即将袭击华盛顿和纽约目标的飞机上的乘客也会怀疑他们在撒谎。也许一些人会像 93 号航班上的乘客那样采取行动,因为他们的飞机起飞得晚,已经听说其他飞机撞向了五角大楼和世贸中心。[23]

政府越来越坚信算法和数据整合能够保证我们的安全。但是对那些每个人都相互了解,人们能立即发现异常情况的老式社区来说,它们仍有很长的路要走。通过在一个更开放的安全网络中共享信息,建立强大的社区节点,也有可能反映并保护我们正在成为的真正的美国,而不是通过年轻的白人和亚洲人设计的门内之地。这些人构成了雷默提出的受过良好教育的技术专家的"新种姓"。[24] 我们能够确保自己更安全，不是通过妖魔化邻居，而是通过重新认识他们，把驾驭多样性作为安全的一个支柱。

分布式力量

开放社会所需的自力更生取决于自组织和采取行动的能力。在社会范围内，这个路径需要限制公共和私人的权力。过度集中的权力，无论是掌握在私人、公共部门还是公民组织手中，都可能导致滥用。

雷默认为，网络效应"赢家通吃"的本质意味着当前的平台垄断仍会持续。12个最受欢迎的移动应用程序中有9个与谷歌、苹果和微软等美国公司的系统相连。[25] 脸书、智能手机通信应用程序 Whattsapp 和 YouTube 视频都拥有超过 10 亿的用户。另一方面，雷默认为，俄罗斯、中国和欧洲也能把本国公民从美国拥有的平台上拉回去，建立自己的门内之地，这表明政府如果愿意，它就可以打破哪怕是最强大的私人垄断。[26]

这又一次说明，网络的力量既是集中的，也是分布的。雷默认为，许多网络的无标度架构所产生的能量集中是不可避免也无法改变的，但网络是由人类的行为创造的，它们的影响并不是什么新事物。网络是19世纪和20世纪铁路和电话垄断的支柱，这些网络利用其规模来支配市场，但最终还是逐步退出了历史舞台。曾短暂垄断跨州铁路运输的北方证券公司，是1890年《谢尔曼反托拉斯法》颁布后第一批被解散的垄断行业之一。美国电话电报公司——我小时候叫它"贝尔大妈"——发现，无论它的垄断是多么"自然"，政府总能干预并打破它，很幸运，否则可能现在我们还在使用旋转拨号盘式的电话！21世纪初，轮到谷歌落入欧盟竞争事务专员的手中了。

在我的有生之年，反垄断法实际上已经被一些理论瓦解了，这些理论认为，在垄断企业提供的商品范围内，效率和低价应该优先于竞争和小型企业。但是知识潮流和法律理论却在改变，从杰斐逊到布兰代斯时代的美国政治经济的压力再度出现，这对经济权力集中化提出了挑战，理由是，竞争本身就是有益的，不管垄断的意图有多好，即使它确实可能有好处。[27]

不管这场新辩论的结果如何，数据都是数字时代的宝贵资产。在民主国家，与人们**有关**的数据**属**于人民。目前我们签字放弃了对这些数据的使用权，以换取大型科技公司提供的免费商品和服务。然而，随着时间的推移，人们将逐渐追赶上数字主宰者的步伐，也会坚持分享数据在聚合时所创造的一部分价值。[28]

较小且更分散的中心优势众多。随着时间的推移，微软和苹果已经意识到，竞争成功的关键将从主导平台转向确保多个平台的互操作性。眼下，初创企业之间的竞争非常激烈，但对许多公司来说，它们的目标是被某个大公司收购。那些初创企业本应该依靠自己发展成为大中型企业，在这个过程中创造竞争和就业机会。[29]

共享经济的发展必然导致一个更大的分布趋势。纽约大学教授阿鲁·萨丹拉彻写道："基于大众的资本主义式经济模式确实可以将生产分配给数以百万计的小型供应商，而不必牺牲20世纪组织所享有的规模收益。"人们能通过爱彼迎等平台提升其资产的影响力，这意味着，"传统的守门人机制有所放宽，它阻止多数人从工人转变为业主，或者从工人转变为投资者"。[30]

尽管如此，爱彼迎与任何个人租房者，或者优步与任何个人司机之间的权力失衡仍然是巨大的，就像19世纪晚期单个矿工或铁路工人与矿主和铁路所有者之间的差距一样。工会是20世纪解决这个问题的方案，某种形式的集体谈判和某种法律上的工业公平竞争必须成为21世纪的解决方案之一。

美国和其他国家将逐步寻找网络力量的中庸之道——不过于集中也不过于分散。巨型中心机构可以进行权力控制，但权力合作应掌握在大量分散却彼此连接的用户手中。明智的政府

第九章
大战略

→ 191

将推动二者之间的平衡。与其他大国建立自己的门内之地、创造一个全球性的"碎片化网络"的做法相反，美国应捍卫和维护一个开放的全球互联网。[31] 然而，矛盾的是，鼓励其他国家继续在美国目前占据优势的领域展开竞争，很可能意味着美国要接受一些做法，这些做法将增强美国平台的竞争对手的实力。在一个全球互联网上，有强大的竞争力要好过拥有多个国家级互联网，后者将成为21世纪闭关自守的等价物。[32]

众所周知，美国政府是一个权力有限的政府。在整个历史中，人们对集中的私人权力和公共权力的质疑呈周期性增长。规模最终会变得难以忍受，甚至对大公司来说也是如此。大厦和帝国的确会因自身的重量而倒塌。另外，掌握新技术的人不能掌控政治权力，哪怕他们挑战美国政治体制当前严重失灵的行为是正确的。华盛顿和硅谷，无论是右翼还是左翼、民粹主义者还是精英主义者，都必须找到一种方式，来缔造一份新的社会和政治契约：它将新技术、效率和公民参与结合在一起，在政治和商业领域使有限权力的原则得以践行。

1945年的世界秩序建立在"嵌入式自由主义"的原则之上，这意味着开放货币和贸易的不安全会通过国内安全网络得到缓解。[33] 21世纪开放的国际秩序必须同样以安全和自力更生的社会为根基，在这些社会中，公民可以积极参与自我保护和繁荣。构建新秩序的第一块基石是开放社会，第二块就是开放政府。

开放政府

2011年9月，奥巴马总统与巴西、印度尼西亚、墨西哥、挪威、英国、菲律宾和南非7个国家启动了"开放政府合作伙伴关系"（OGP）计划。2016年该计划已经扩展到70个国家。参与国签署了《开放政府声明》，这是它们公开承诺实施的一套原则，以使其政府更加开放和负责。接下来，它们必须致力于具体的行动计划，迄今为止，参与国已做出超过2 250项承诺。[34]

声明列出的三个主要原则是透明度、公民参与和问责制。透明度意味着提高政府行动信息的可获得性，让这些行动向尽可能多的人开放，这个承诺很可能导致开放数据标准的形成。对透明度的承诺并不意味着取消所有政府决议的保密性——这个做法会很快让政府（或任何组织）陷入停顿，而是让政府所知和所做的事情的信息变得可见和可用，采取的方式是邀请公民参与。

紧随透明度的第二个原则是公民参与。《开放政府声明》的签署国同意，在决策时"建立和利用公众反馈渠道"，"深化公众在发展、监督和评估政府行为方面的参与度"。[35] 要兑现这些承诺，需要监管和技术两个层面的革命。代替过时的"公告与评论"程序——立法机构和监管机构对拟议规则的文本进行数月乃至数年的审议，听取既得利益者的意见，最终由政治权力中心首肯通过。各国政府必须转向其他方式，提醒所有受影响的公民实时关注拟议行动。许多国家的立法机构和政府部门已经开始在一些开源平台（如 GitHub）上公布法律草案和法典，让公众可以贡献意见，并监督修订过程。[36]

开放政府的第三个主要原则是问责制，这在很大程度上被定义为职业操守。根据《开放政府声明》，参与国承诺，制定"强有力的反腐政策、机制和实践方案"，建立透明的公共财务和政府采购机制，努力加强法治。[37] 在实践中，政府必须有一个法律框架，要求所有政府高官公布收入和财产，必须制定一整套防止行贿受贿的震慑措施。

民治政府

综上所述，开放政府的基本原则在政府及其公民之间建立了一种更为扁平化的关系，而不是传统的代议制民主或专制的垂直关系。全球许多城市和国家正在开展开放政府的实验，它们正在创造民治政府而不是民享政府。[38] 最终的结果是，政府官员和普通民众之间形成了一种并列的关系，这为棋盘行为体和网络行为体如何在国际体系中共存提供了一个模板。

20年前，周若刚在论述"连通性"时指出，为了适应永久的相互依赖，政府和社会必须重新思考其政策、组织形式和道德原则。他写道，持续不断的连通性会让"互惠"变得更加重要，"给予和索取的理念"有时候被视为"中庸之道"，而开放、信任和透明的精神会支撑"一种新的治理统治方式"。各国政府应打破其命令和控制的孤岛，"提供一个可预测性的框架，同时为人们在一个更扁平、更互惠的结构中进行自我组织预留了空间"。[39]

周若刚很有先见之明，在许多方面，"开放政府合作伙伴关系"的原则就是为了实现他所设想的新的社会契约。人们不仅组织自己，还直接与政府官员合作，"协同生产"政府服务。[40] 协同生产体现了一种自治的哲学思想，它与美国开国元勋们设想的共和式代议制民主很不一样。公民可以直接与政府建立合作伙伴关系，提出并实施公共问题的解决方案，而不是**通过**那些代表我们的人来治理我们。[41] 纽约大学教授贝丝·诺维克写道："这种从自上而下、封闭和专业的治理向去中心化、开放和更智能的治理的转变，也许是21世纪重大的社会创新。"[42]

公民网络已经参与到全美及世界各地城市的开放数据挑战中;在自然或人为灾难发生时,它们协助进行危机沟通;它们帮助政府草拟预算、法律,甚至宪法。[43]公民在开放政府中的国内作用也将渗透到国际体系中。随着外交、金融、司法、发展、环境、内政部及其部长们——包括市长——在全球舞台上发挥越来越大的作用,他们将带来习惯于作为政府服务的协同生产者参与的企业和公民网络。

开放、互联的政府

开放政府的演变表明了,在数字平台巨大潜力的助推下,共同的价值观是如何形成共同的结构的。50年前,基欧汉和奈就指出,那些完成工业化、实行多党制的国家形成了最牢固的内部联系。[44]愿意签署"开放政府合作伙伴关系"协议并履行其承诺的国家,都拥护那些可以让它们把社会和经济更紧密结合在一起的价值观和相应的组织结构。"开放秩序构建"大战略不是拥护一个由强大的"门内之地"组成的世界,而是拥护一个由许多不同的政府、企业和公民关系交织在一起的盟友和合作伙伴组成的全球社区。想象一下脸书上的一群校友,他们彼此联系,同时又与生活伴侣、工作伙伴、孩子朋友的父母、一起去教堂做礼拜的教友、公民事业的志愿者、体育爱好者和业余爱好者都建立了联系，网络就这样扩展开，同时也将交叉网络中许多关系密切的成员进一步联系在一起。

同样，美国也应该保持并深化与现有盟友的关系，前提是它们愿意拥护开放社会和开放政府的原则。美国在20世纪下半叶建立的同盟并不只是对抗苏联的堡垒，也是基于对《世界人权宣言》所承载的价值观的共同承诺。无论是美国还是其盟友，都没有完全履行那些价值观，我们始终在与我们国家的缺点做斗争。但我们的方式是开放的，给予公民言论和表达的自由，政府愿意公开回应公民的要求，即使这些要求包括改换政府。

美国不应该默默地旁观欧洲或日本为金融、工业、服务、通信、教育、医疗或其他重要的经济和社会交易创建的自己掌控的各类社区。当然，美国应该认识到其盟友对自治和自我保护的渴望，但美国更应鼓励整合物理和数字网络，努力确保社区的互操作性变得更成熟。

更根本的是，美国的决策者们应该思考如何把棋盘世界的联盟转变为连接和能力的中心。美国许多有远见的领导人已经开始这么做了。北约正在把自己转变为"国际安全伙伴关系网络的中枢和全球安全问题协商中心"。[45] 在安全和经济领域的连接程度不如欧洲的亚洲，阿什顿·卡特提出的原则性安全网络,旨在扩大和深化那些处于安全网边缘的国家与网络中心的国家之间的联系。[46]

开放国际体系

"开放秩序构建"大战略的最后一个支柱是维系和扩展开放的国际体系。它必须向棋盘和网络世界的参与者开放,并改变它们的权力关系。体系理论告诉我们,封闭系统中的组织水平只能保持不变或降低。相比之下,在开放系统中,动态反馈过程使系统能够适应并提高其组织水平,以应对新的输入和干扰。[47] 一个开放的国际体系应该能够经受住权力关系改变带来的各种干扰,同时将本书第二部分讨论的所有不同的全球网络整合起来,作为解决全球问题的重要工具。

现行国际体系是固定的、分级的。一些国家比其他国家更平等。联合国安全理事会常任理事国、世界银行和国际货币基金组织的创始成员:那些在1945年统治着世界的国家,设计了一种保护和平与繁荣、保障其自身利益的国际秩序。尽管这些国家对国际秩序的认识远比其先辈要宽广得多,但是它们为全球73个国家——包括拥有大量殖民地的帝国——创造了一套必然带有利己主义的制度。

现在不是要摧毁而是要改革。灾难性的二战结束之后，一代政治家建立的制度是合法性和权威性的重要保障。它们应成为一个更扁平、反应更快、更灵活的系统的中心，这个新系统同时在公民和国家的层面上运行。

这意味着最终要完成开放二战后国际制度的任务，在现有决策会议体系内营造新空间。我们还必须推动联合国和区域性组织之间的关系的平等化，以便区域性组织可以在联合国安全理事会事前或事后批准其行动的情况下更自主地采取行动。[48]

修改《联合国宪章》显然像打开潘多拉的魔盒。要从根本上改变过去的一切，我们现在还承受不起。但崛起的大国不会永远等待下去。它们将用自己的地区制度和网络安全创建自己的秩序，无论是虚拟的（像雷默说的门内之地），还是实体的。如果国际秩序被证明过于脆弱而无法改变，它将会崩溃。就像风光一时的欧洲公国一样，只有建筑和华丽的庆典被保留下来，而权力将继续前行。

注定的权力转移不仅发生在20世纪和21世纪的国家之间，也要适应亚洲和非洲的崛起，让那些1945年时以殖民地形式存在的国家——或者根本不存在的国家——获得关注和发言权。正如1997年杰茜卡·马修斯精准地指出的那样，它也存在于国家与非国家行为体——我们已经学会将这些人和组织视为网络行为体——之间。[49] 由不良网络行为体构成的网络，会时时威胁全球安全和福祉，我们必须通过创建和支持优秀的网络行为体——企业、公民和公共部门——的综合网络来做出回应。

其中一些网络只连接国家政府官员。例如，"防扩散安全倡议"的 103 个签署国能够阻止大规模杀伤性武器及相关材料在具有很高扩散风险的国家、组织和个人之间进出。它和联合国有一些联系。它会保留其自愿性的章程和决策规则，但与联合国一些组织的"对接"将有助于它抵御来自印度和其他国家对该倡议不具合法性的批评。IMF、世界银行、经济合作与发展组织及其他国际金融机构和标准制定组织是"金融稳定委员会"的成员，它是一个由来自 24 个国家和欧盟委员会的央行行长、财政部长、证券监管机构及其他金融官员组成的网络联盟。[50]

许多其他监管、司法和法律网络应该正式与全球或区域性机构建立关系。其中最有前途的新进展是市长网络，这个网络中的男性和女性成员既有决策的权力，又有能力制定影响全球 54% 人口的政策。[51] 我们生活在一个快速城市化的时代，城市及其管理者将成为越来越重要的全球行为体。[52]

除了政府官员，全球慈善组织网络已经与联合国难民事务高级专员公署这样的实体紧密相连，该组织与 900 个非政府组织和联合国组织合作。[53]GAVI依靠发达国家的资助帮助发展中国家政府申请拨款,并为免疫项目建立自给自足的财务体系。[54]

这些事例都只是开端。对于每一个在联合国会议上获得了来之不易的观察员身份的非政府组织来说,现有国际体系的国家守门人无数次对它们关上过大门。[55]下棋人依然牢牢地控制着局面。为了使网络嵌套在传统等级式国际组织中或与之建立正式联系,这些传统组织必须扁平化。它们必须开放其等级制度和程式化的惯例,允许成员之间有更灵活的组织形式,同时接纳混合了市民、企业和公民的网络。毕竟,如果脸书——拥有15亿用户,超过世界上任何一个国家的人口——能够作为一个网络的网络,具备经费、能量和想法的众多网络就可以为全球秩序做出贡献,发挥和小型的成员国一样的作用。

要了解20世纪的国际体系和我提出的21世纪的开放体系之间的区别,不妨想想跨太平洋伙伴关系协定(TPP)和为达成新的气候变化国际协议而举行的巴黎谈判。TPP的谈判已经结束,整个过程是保密的,只有国家的贸易代表能参与。这种保密性在美国公民和立法者之间产生了不信任感,给TPP蒙上了一层灰暗的、精英主义的阴影了,导致该协定在2016年总统选举期间遭到强烈反对。

另一方面，巴黎谈判不仅仅是为了各国政府。谈判各方意识到，企业、学术机构、公民社会和普通民众在应对气候变化中都发挥着各自的作用。因此，尽管谈判杂乱无章，但企业、倡议团体及亿万富翁慈善家等各色人等都参与其中。最终达成的协议并未设定用国际法强制执行的目标，但它可能是拯救这个星球的最大希望。实施这一协议既需要国家行动，也需要网络行动，需要发动众多不同的公民、经济、科学和政治网络。[56]

随着时间的流逝，20世纪的国际组织将变成棋盘行为体和网络行为体之间多种联系服务的全球性和区域性平台。联合国、IMF、世界银行、WTO、欧盟、美洲国家组织，非洲联盟、东南亚国家联盟以及其他全球性和区域性组织，都有可能在原有形式和功能的基础上继续发展，甚至可能实现超越。目前，它们仍是由国家主导的，受制于其成立的形式。它们应该成为各类网络的港湾，无论这些网络是由政府部长组成的，还是由政府、公民和企业混合组成的。

回想一下把网络边界视为身份的边界而非分离的设计原则。国际和区域性组织可以保留其政府间的规则和特性以实现一些目标，同时成为服务他人的网络中枢，接纳献身于解决特定问题的所有行为体组成的各种群体、俱乐部和协会。结果将会形成一个复杂而开放的解决问题的国际体系。

把棋盘与网络建立在一个不断演进的
国际法律秩序的基点上

美国建立"开放秩序构建"大战略,旨在通过打造一个由开放社会、开放政府和开放国际体系组成的开放的全球秩序来推进美国的国家利益。在美国人追求的世界中,美国公民和其他国家的公民都能享受安全、富足,并有机会过上美好和富裕的生活。在这个世界中,美国人能够保护和提升自我,还可以追求那些使美国成为一个国家的共同价值。

这种结合了棋盘与网络的开放的全球秩序,必须建立在承认并保护国家和公民安全的国际法律秩序的基础上。棋盘世界的国际法律秩序,只承认主权国家是国际法的主体和代理人,而国内法有一个单独的不可触及的范围。[57] 21世纪的国际法律秩序必须是一种**双重的**秩序,承认法律和行动的国内和国际范围,同时也承认二者的边界是可渗透的。这再一次验证了这是一个身份的边界,而非分离的边界。

在这个秩序下,国家必须同时是波和粒子。它们必须继续成为全球体系的主要行为体,去处理各种状况:国家间的战争、武器扩散、国家支持的恐怖主义和其他犯罪网络、种族和宗教冲突、边界争端以及其他许多外交和商业问题。但国家也必须是网络参与者的居住地，这些网络参与者在商业、公民、政治和刑事司法方面的追求跨越了边界，在全球事物中产生的影响不亚于国家行动。

双重秩序最终会采取什么形式，不可能有一个明确的答案。但它已经浮现在我们眼前——缓慢、痛苦却不可阻挡。主权本身的根基正在发生变化。[58]

这种变化的深层根源是20世纪的人权运动，始于1899年和1907年的《海牙公约》，该公约为士兵和平民制定了战争规则。但冷战期间，人权本身因政治因素被两极化，西方拥护公民权利和政治权利，东方拥护经济、社会和文化权利，双方都倾向于忽视其附庸国的侵权行为。20世纪90年代，当许多冰封的冲突开始消融然后爆发时，世界再度面临一个紧迫的问题，即世界亏欠了那些在本国政府治下遭受到无尽苦难的公民什么？[59]

第一步是国际刑法的发展，从纽伦堡审判的"胜利者的正义"变为快速发展的法律和法庭体系，它要求官员个人对针对其他个人的行为承担国际责任。[60]随后，人道主义干预法发生了翻天覆地的变化。

2000年，为响应联合国秘书长科菲·安南的呼吁，即在所谓北约入侵科索沃的非法行为和联合国干预失败未能阻止卢旺达种族灭绝的合法性之间找到一条道路,加拿大政府召集了一批杰出的外交人员和国际律师。这个团体全名是"干预和国家主权国际委员会",通过讨论,它重新定义了网络时代的主权,提出"'人道主义干预的权利':对国家来说,什么是适当的时候对他国采取强制——尤其是军事——行动,以保护他国处于危险之中的人民"。[61] 他们称这为"保护责任",后来简称R2P。

该委员会声称,联合国成员身份的核心意义必须改变。各国有权决定是否签署《联合国宪章》。一旦这样做,它们就被接受为国际社会的主权成员。但它们必须接受由此产生的"成员的责任"。委员会不会寻求废除或弱化国家主权,而是对它"重新定义",从"**作为控制的主权转变为作为责任的主权,兼具国内功能和国际义务**"。而且,这些义务是有法律效力的:"作为责任的主权已成为良好国际公民的最低要求。"[62] 当一国未履行保护本国公民基本权利的国内责任时,其他国家就有义务去保护这些公民,必要时也可以采取军事干预。

2003年,在"联合国千年峰会"之后,日本政府启动了"人类安全委员会",由绪方贞子和阿马蒂亚·森担任主席,这是朝着以人民**和**国家为中心的开放国际秩序迈出的另一步。该

第九章
大战略

→ 205

委员会的报告对公民和国家一视同仁，也承认二者之间错综复杂的关系："国家仍旧是安全的根本提供者。但它常常无法履行其安全义务，有时甚至成为本国公民的威胁来源。"人类安全的目标是，"以增进人类自由和自我实现的方式保护所有人类生命的核心意义"。[63]

在 2005 年成立 60 周年的峰会上，联合国大会通过了一个弱化了"保护责任"的准则。联合国的文本写道："每个国家都有责任保护本国人民不受种族灭绝、战争罪、种族清洗和反人类犯罪的危害。"[64] 国家如果无法做到，这一责任就会转移给"国际社会"，它将采取一切"和平手段"，若有必要还会通过联合国安理会采取"集体行动"为该国人民提供保护。从那时起，该准则的使用就一直存在争议，在争议最激烈的时候，它被用来为联合国批准的对利比亚的干预进行合法性辩护，以保护班加西人民免遭穆阿迈尔·卡扎菲领导下的利比亚政府的大屠杀（或者可感知的威胁）。

面对数十年和几个世纪的变化，国际法前进的车轮出奇地缓慢。《威斯特伐利亚和约》并不是一个简单的条约，而是参与三十年战争的多个国家之间的复杂协议。和约提出的所谓主权平等的原则花了几百年时间才得以实现。相比之下，联合国安理会在过去 10 年中已经援引"保护责任"达 50 次。[65] 在奥巴马任期结束时,这一主张似乎已经过时,但这只是暂时的。重要的是,革命性的《世界人权宣言》被正式采纳50年之后,主权国家与其人民之间的关系正面临另一种国际层面的推敲。国际法同时承认国家和公民。双重秩序正在涌现,如同棋盘上的大师们都在为网络让出空间,不管他们是否心甘情愿。

逻辑是不可动摇的,亨利·基辛格自己做出了解释。三十年战争从1618年到1648年席卷了欧洲,德国土地上近1/3的人口被杀害。在基辛格看来,《威斯特伐利亚和约》首先是要创建一个体系,以更好地保护欧洲人民"不被驱逐,不被强迫转变宗教信仰,不遭受平民被屠杀的全面战争"。此外,虽然"每个签约国有权选择自己的国内结构和宗教取向",但"新条款确保少数派可以和平地践行其信仰,不会被强迫改变宗教"。[66]

换言之,威斯特伐利亚世界秩序规定国家的主权平等不是其目的,它是保护这些国家的主体——人民的最佳途径。它自己就是一种双重秩序,但在这种秩序中,棋盘世界的小动作很容易与网络世界的人性脱节。"教随国定"(谁的国家信奉谁的宗教)在17世纪保护了其公民,但它不适用于20世纪,当然更不适用于21世纪。

人民是第一位的,如果不是这样,他们迟早会推翻政府。推动国家内部社会和经济秩序转型的技术——从等级结构到网络——赋予人们比以往任何时候都更强大的颠覆和破坏的力量。他们的政府也拥有比过去更强大的权力,但人类历史的进程摆脱了暴政和哲学家国王的统治,转向自治。一个立足于双重国际法律秩序之上的开放的世界秩序,是人类解决目前面临的各种问题的最大希望。

结　论
治网方略的崛起

2004年，英国智库Demos编译出版了一套有关网络的丛书，开篇就写道："网络是我们这个时代的语言。想想基地组织，想想互联网、易贝、端对端软件Kazaa，还有移动电话和短信。想想铁三角和旧式的校服领带、'拒绝名牌'运动和'美国院长'（DeanforAmerica）。想想维萨信用卡和美国证券交易所、摇摇欲坠的电网、勉强运营的铁路网络。"这本书的编辑，海伦·麦卡锡、保罗·米勒和保罗·斯基德莫尔解释说，虽然"网络塑造了我们的世界"，但我们并没有足够了解它们的逻辑，不足以构建我们的制度、我们的"组织和公共权力"，从而利用它们的潜能。[1]

当我第一次阅读这套丛书时，我正在担任普林斯顿大学伍德罗·威尔逊公共与国际事务学院院长，任期7年。我们教育年轻人，鼓励他们进入政府或非政府组织，去分析和制定政策。我们让他们学习了大量专注于判断和决策的经济学和统计学知识，以及一些政治学和心理学知识。我们教他们学会撰写文字生动、简明扼要且重点突出的备忘录。我们还为他们提供国际关系、国际发展、国内政治和更广泛的经济学选修课程。

我们不要求他们学习技术，甚至包括互联网的结构、物理属性和治理方法，我们也没有要求他们了解我们生活的世界。尽管我们教授了有关等级制度的政治学，但没有教授任何关于网络的本质与结构的内容。

政策学院和法学院一样，都是教学生如何解决公共问题。未来，它们将涵盖数字和人文地理学的课程，将我在本书中提到的所有学科的知识汇聚起来。网络地图将成为新的备忘录：它将成为你在给老板就某个特定的政策问题列出解决思路时使用的载体。

更重要的是网络思维模式：把三维的人类关系转化为二维的连接图，把人和机构之间的关系（链接）看得像代理本身（节点）一样清楚。我们还要教学生了解互联网的架构、网络的类型和属性，以及如何管理和领导网络。从长远看，我们对网络的涌现方式、时间，以及网络对其内部人员、机构及外部世界的影响了解得越多，就越能了解如何为特定目的创建网络并管理它。

沉浸在网络中的学生对政策和政治的看法会有所不同。他们会关注连接是如何改变事物和人的。他们将很快判断出网络的连接太少还是太多,是中心化、去中心化还是分布式结构。他们将意识到下棋人只能看到弱点的资源的价值;他们将把领导力理解为授权,把结构理解为信息流。

这些学生毕业后将进入政府部门、公民组织以及日益增多的关注公共问题的私营企业。他们将成为新一代外交政策的实践者,可能会在遥远的大使馆工作,也可能深居国务院。他们将继续看到这个世界充满地缘政治和权术,政府难以做出军事、外交和经济决策,而这些决策恰恰旨在避免冲突或至少将冲突转化为合作手段。

但他们还会看到一个有史以来最密集的网络,可能包括全新的空间和时间拓扑结构。连接将是它们的基本形态——与他人、与组织、与政府。那些连接的地图将成为他们的个人地理,就像成为国家和国际地理一样。解决公共问题将变成一系列问题:在什么时候、在什么地方、以什么方式与谁和什么东西建立或断开连接。公共问题解决者将包括外交官、公务员、活动家、首席执行官和公民领袖,以及与政府一起行使权力和领导力的网络参与者。他们都需要连接的战略。

致　谢

我从事网络相关研究已经 20 多年了,从 2009 年开始,我就想写这本书,当时我正在美国国务卿希拉里·克林顿的领导下担任国务院政策规划办公室主任。我 2011 年 1 月离开政府,返回普林斯顿大学伍德罗·威尔逊学院从事教学工作。2011 年和 2012 年的春天,我两次教授一门名为"让网络运作起来"的研讨课程,和学生们一起搜集各个学科有关网络问题的学术文献,探索如何将笼统的描述转变为具体的方案。当我为这本书搜集研究素材时,我从学生们的期末论文中得到了不少灵感。我非常感谢亚历克斯·博尔弗拉斯、安妮·艾克比耶、威尔·塔克、德里克·基尔纳、萨里塔·万卡、梅利莎·兰、欧根·雅兹达尼、纳特·阿德勒、纳特·迈尔斯、克洛艾·波因顿、乔丹·李、卡伦·格里斯特、丽贝卡·卡曾斯、克里斯托弗·多伊奇、丽贝卡·格林莱、安德鲁·希斯洛普、海蒂·约万诺维奇、布赖恩·凯利、金基秀、本杰明·奈马克–劳斯、罗拉·努南、妮科尔·鲁德、凯文·史密斯、玛丽·斯文斯洛夫、卡特勒恩·乌里贝、巴莱·叶海亚、法拉赫·艾哈迈德、克里斯托弗·多梅尼科。伊丽莎白·萨利、乔舒亚·黑克尔也在这一阶段为我提供了宝贵的研究素材。

我从 2012 年夏天着手撰写这本书,但是,在接下来的 3 年中,我发现自己的发展方向与之前计划的截然不同。2012 年 6 月,我在《大西洋月刊》上发表了一篇题为"为什么女性仍然不能拥有一切"的文章,之后我就踏上了写作另一本书的旅途,那本书的书名叫《我们为什么不能拥有一切》,由兰登书屋于 2015 年出版。那段时期,我与一个极具才华的编辑团队,出版人苏珊·卡米尔和编辑萨姆·尼克尔森亲密合作。他们让我变成一个更好的作者,让这本书变得更容易写成,我希望它对读者来说也更容易阅读。

2013 年,著名政治理论家、耶鲁大学麦克米伦中心主任伊恩·夏皮罗盛情邀请我去"史汀生讲座"发表演讲。我接受了这次邀请,不仅因为这个讲座本身声望很高,也因为我希望有机会推自己一把,让自己尽快把这本书写出来。2015 年 11 月,我终于完成了这次演讲,一共三场。非常感谢麦克米伦中心的工作人员兰,也谢谢这三场演讲优秀的观众,其中有几位观众为我接下来的阅读和研究需要补充的内容提供了较为具体的建议。即使我无法全部采纳,这些建议也为我的思考提供了帮助。谢谢我不可或缺的前助理哈娜·帕森,她为我的演讲准备幻灯片,并追溯了各种资料的来源。

如果没有戈登·拉福热,我不可能把这次演讲的内容在本书最后一部分顺利呈现出来,他一开始是我的研究助理,现在已经成为我非常宝贵的思想伙伴和写作搭档。他独自阅读资料,连续多次为我提出建议和改进方案。耶鲁大学出版社的编辑比尔·弗鲁赫特从一开始就对这本书表现出强烈的兴趣,他的热情和投入支持着我度过了整个写作阶段。普林斯顿大学生物学兼生态学与进化生物学教授西蒙·莱文从一开始就表示对这本书很感兴趣,并且在一些我可能从未遇到的研究内容上对我进行了慷慨的指点。他凭借在复杂性和恢复力方面的研究于2015年荣获美国国家科学奖章。我的老朋友、导师、同事罗伯特·基欧汉给了我他特有的严厉的爱,他阅读了我的最终书稿,并对我们仍然存在分歧的地方进行了改进。我的朋友阿莉森·斯坦格在很多方面为我提供了支持,她完整阅读了我的书稿两遍,并进行了优化。

克里斯·富塞尔、查尔斯·古德伊尔、戴维·扎林和汤姆·黑尔为本书提供了有价值的研究线索。彼得·伯根、纳迪亚·奥维达、拉比亚·乔德里以及两位匿名评论员为终稿的全部或部分贡献了有用的评论。丹·希顿是一位非常棒的文字编辑。我也非常感激耶鲁大学出版社编辑团队的其他成员，尤其是卡伦·奥尔森。如果没有我长期合作的助手特里·墨菲，我不可能成功完成写作一本书的任务，她既是一位很有能力的编辑，也是完成任务不可或缺的合作伙伴。谢谢伊莎贝尔·邦尼曼，她帮助我们顺利度过了从一份书稿到一本书的最后阶段。

我是站在许多学者和思想家的肩膀上写作这本书的，他们中的一些人我在研究院时就认识，至今已经25年了。我在书中对引用和参考的内容进行了标注，这里不再一一赘述。

威尔·利平科特是最好的经纪人，他既是我们的朋友、倡导者、知己，也是一位既温柔又有效率的推动者。我们每个人都可以向他寻求帮助，能与他共事，我们觉得自己非常幸运。

最后，像往常一样，我要把最深的感谢给我的家人。正如我在《我们为什么不能拥有一切》中写的那样，我所做的一切都依赖于他们的支持：我的兄弟、弟妹、叔叔、阿姨、堂兄弟、侄子、侄女，还有那些没有血缘关系，但多年来已经成为我们家庭成员的人。我要特别感谢我的父母，并把这本书献给他们。谢谢我的儿子们，在过去两年中，他们追寻着自己非凡的旅程。最重要的是我亲爱的丈夫安德鲁·莫劳夫奇克，他偶尔脾气有些暴躁，令人沮丧，但他的观点总是正确的。

参考文献

前 言

1. For a history, see Peter Hopkirk, *The Great Game: The Struggle for Empire in Central Asia* (New York: Kodansha, 1992).

2. See, e.g., Gideon Rachman, "Chess Moves to Transform World Politics," *Financial Times*, December 8, 2014, http://www.ft.com/cms/s/0/38378ebe-7bd2-11e4-a695-00144feabdc0.html#axzz4DGvmY8Oi.

3. Henry Kissinger, *On China* (New York: Penguin, 2011), 23–25.

4. Joseph S. Nye, Jr., "The Future of American Power," *Foreign Affairs*, November 1, 2010, https://www.foreignaffairs.com/articles/2010-11-01/future-american-power. Stanley Hoffmann also used the metaphor, writing that competition among states played out on a variety of chessboards; see, e.g., Stanley Hoffmann, "International Organization and the International System," *International Organization* 24, no. 3 (1970): 389–413.

5. See Manuel Castells, *The Rise of the Network Society* (Oxford: Blackwell, 1996); as well as the second and third books of the trilogy, *The Power of Identity* (1997) and *End of Millennium* (1998). A significantly updated second edition of *The Rise of the Network Society* was published in 2010 (Oxford: Blackwell).

6. Castells, *Rise of the Network Society* (2010), xviii.

7. Geoff Mulgan, *Connexity: How to Live in a Connected World* (Boston: Harvard Business School Press, 1997).

8. Joshua Cooper Ramo, *The Seventh Sense: Power, Fortune, and Survival in the Age of Networks* (New York: Little, Brown, 2016), 11, 36, 37.

9. Thomas Schelling, *The Strategy of Conflict* (Cambridge: Harvard University Press, 1960).

10. Robert Axelrod, *The Evolution of Cooperation* (New York: Basic, 1984).

11. Anne-Marie Slaughter, *A New World Order* (Princeton: Princeton University Press, 2004). In Chapter 4 I will discuss these types of networks in greater depth and detail.

12. See Ash Carter's remarks at the IISS Shangri-La Dialogue in Singapore, June 4, 2016, http://www.defense.gov/News/Speeches/Speech-View/Article/791213/remarks-on-asia-pacifics-principled-security-network-at-2016-iiss-shangri-la-di.

13. See James G. Stavridis, *Partnership for the Americas: Western Hemisphere Strategy and U.S. Southern Command* (Washington, DC: National Defense University Press, 2010).

14. See Chris Fussell's section in "What Is the Future of War?" *Defense One*, February 23, 2015, http://www.defenseone.com/ideas/2015/02/what-future-war/105807/.

15. For a discussion of the intellectual genesis and variations of the term, see Terry L. Deibel, *Foreign Affairs Strategy: Logic for American Statecraft* (New York: Cambridge University Press, 2007).

16. Long Deng, "China: The Post-Responsible Power," *Washington Quarterly*, January 26, 2015, https://twq.elliott.gwu.edu/china-post-responsible-power.

17. "Shared Vision, Common Action: A Stronger Europe: A Global Strategy for the European Union's Foreign and Security Policy," June 2016, http://eeas.europa.eu/top_stories/pdf/eugs_review_web.pdf; quotations at 43, 44.

18. See "Canada in the World: A Global Networks Strategy," 2011, http://www.liberal.ca/files/2011/08/CANADA-IN-THE-WORLD.pdf.

19. Barack Obama, "First Inaugural Address," delivered January 20, 2009, https://www.whitehouse.gov/blog/2009/01/21/president-barack-obamas-inaugural-address.

20. Credit for the subheading goes to Elmira Bayrasli and Lauren Bohn, whose organization Foreign Policy Interrupted seeks to amplify the voices of women and other underrepresented groups in foreign

policy; see the home page of Foreign Policy Interrupted, http://www.fpinterrupted.com.

21. Business strategist and author Don Tapscott calls collaborative, web-based platforms and organizations that are committed to solving international problems global solution networks (GSNs). His GSN Program identifies, catalogues, and researches these organizations; see the GSN Program home page, http://gsnetworks.org/.

22. See the About page of the MIT Practical Impact Alliance, http://impact-alliance.mit.edu/about.

23. See the Environment page of Bloomberg Philanthropies, http://www.bloomberg.org/program/environment/#intro.

24. Laurie Spengler, "Why Strivers Are Essential to Inclusive Growth," Mastercard Center for Inclusive Growth, July 12, 2016, http://mastercardcenter.org/action/strivers-essential-inclusive-growth/.

25. See John G. Ruggie, *Just Business: Multinational Corporations and Human Rights* (New York: Norton, 2013).

26. Nesrine Malik, "Too Big and Too Scary, but the Global Fat Cats Can Be Chopped Down to Size," *Guardian*, December 10, 2014, https://www.theguardian.com/commentisfree/2014/dec/10/big-scary-global-fat-cats-multinationals-tax-dodgers.

27. See Steve Coll, *Private Empire: ExxonMobil and American Power* (New York: Penguin, 2012).

28. For example, the Public International Law and Policy Group, a pro bono firm that provides legal assistance to states and governments in peace negotiations, postconflict constitution drafting, and prosecuting war criminals. See the group's website, http://publicinternationallaw-andpolicygroup.org/.

29. Various thinkers, practitioners, and commentators have described the post–Cold War proliferation of "non-state actors." In her 1997 *Foreign Affairs* article "Power Shift," Jessica T. Matthews heralded the rise of global civil society and the dispersion of national power among a widening variety of nonstate actors, such as businesses, international organizations, and NGOs; and Margaret Keck and Kathryn Sikkink analyzed the rise of transnational advocacy networks in their groundbreaking book *Activists Beyond Borders* (Ithaca, NY: Cornell University Press, 1998).

30. From a Council on Foreign Relations event moderated by Gideon Rose called "Digital Power: Social Media and Political Change,"

March 31, 2011, transcript available at http://www.cfr.org/social-media/digital-power-social-media-political-change/p24576#.

31. See Diane Rogers-Ramachandran and Vilayanur S. Ramachandran, "Seeing in Stereo: Illusions of Depth," *Scientific American*, July 1, 2009, http://www.scientificamerican.com/article/seeing-in-stereo/.

32. See episode 7 of Ken Burns's documentary *The Roosevelts: An Intimate History*, PBS, 2014.

第一章　大国与全球化

1. Joseph S. Nye, Jr., and Robert O. Keohane, *Power and Interdependence* (Boston: Little, Brown, 1977).

2. Robert Cooper, *The Breaking of Nations: Order and Chaos in the Twenty-First Century* (New York: Grove, 2003), 29–30.

3. One major exception is Margaret Keck and Kathryn Sikkink, who in *Activists Beyond Borders* (Ithaca, NY: Cornell University Press, 1998) study advocacy networks from both a descriptive and prescriptive approach.

4. See Nye and Keohane, *Power and Interdependence*, 37.

5. Ibid., 37.

6. For a recounting of this history see Robert Keohane, "Twenty Years of Institutional Liberalism," *International Relations* 26, no. 2 (2012): 125–138.

7. See Joseph Greico, "Anarchy and the Limits of Cooperation: A Realist Critique of the Newest Liberal Institutionalism," *International Organization* 42, no. 3 (1988): 485–507; and Joseph Greico, Robert Powell, and Duncan Snidal, "The Relative-Gains Problem for International Cooperation," *American Political Science Review* 87, no. 3 (1993): 727–743.

8. See Robert D. Putnam, "Diplomacy and Domestic Politics: The Logic of Two-Level Games," *International Organization* 42, no. 3 (1988): 427–460; and also Peter Gourevitch, "The Second Image Reversed: The International Sources of Domestic Politics," *International Organization* 32, no. 4 (1978): 881–912.

9. See Andrew Moravcsik, "Taking Preferences Seriously: A Liberal Theory of International Politics," *International Organization* 51, no. 4 (1997): 513–553.

10. Andrew Moravcsik, "The New Liberalism," in *The Oxford Handbook of International Relations*, ed. Christian Reus-Smit and Duncan

Snidal (Oxford: Oxford University Press, 2008), 234–254; emphasis in the original.

11. G. John Ikenberry, another leading thinker in liberal international relations theory, has written about interdependence in the context of the U.S.-built liberal international order of institutions and alliances; see, e.g., *Liberal Leviathan: The Origins, Crisis, and Transformation of the American World Order* (Princeton: Princeton University Press, 2011).

12. Miles Kahler, "Networked Politics: Agency, Power, and Governance," in *Networked Politics: Agency, Power, and Governance*, ed. Miles Kahler (Ithaca, NY: Cornell University Press, 2009), 1–20, 2. In addition to Professor Kahler, scholars working on network theory and international relations include Emilie Hafner-Burton and Alexander Montgomery, who have written an excellent overview of network analysis and international relations with Kahler, as well as publishing their own network analyses. Zeev Maoz has also applied social network analysis methods to international relations.

13. See the following chapters in *Networked Politics:* Helen Yanacopulos, "Cutting the Diamond: Networking Economic Justice," 67–78; Michael Kenney, "Turning to the 'Dark Side': Coordination, Exchange, and Learning in Criminal Networks," 79–102; Kahler, "Collective Action and Clandestine Networks: The Case of al Qaeda," 103–124; and David A. Lake and Wendy H. Wong, "The Politics of Networks: Interests, Power, and Human Rights Norms," 127–150.

14. Hafner-Burton and Montgomery have tested hypotheses about how network position and structure influence conflict among states, finding that indeed intergovernmental network position affects relative distributions of power and the likelihood of military conflict. Hafner-Burton and Montgomery, "Power Positions: International Organizations, Social Networks, and Conflict," *Journal of Conflict Resolution* 50, no. 1 (2006): 3–27.

15. Kahler, "Networked Politics," 13.

16. Lake and Wong, "The Politics of Networks," 127–128.

17. Paul Ingram, Jeffrey Robinson, and Marc L. Busch, "The Intergovernmental Network of World Trade: IGO Connectedness, Governance, and Embeddedness," *American Journal of Sociology* 111, no. 3 (2005): 824–858. The authors found that "trade between two countries

increases by an average of 58% with every doubling of the strength of IGO connection between the countries" (824); note, however, that although the authors demonstrated correlation between trade and like IGO membership, proving a causal relationship is difficult.

18. Michael Kenney proves this point through his analysis of the evolution and resilience of Colombian drug cartels; see Kenney "Turning to the 'Dark Side.'"

19. See Robert B. Ahdieh, "Coordination and Conflict: The Persistent Relevance of Networks in International Financial Regulation," *Law and Contemporary Problems* 78 (2016): 75–101; Abraham L. Newman and David Zaring, "Regulatory Networks: Power, Legitimacy, and Compliance," in *Interdisciplinary Perspectives on International Law and International Relations: The State of the Art*, ed. Jeffrey L. Dunoff and Mark A. Pollack (New York: Cambridge University Press, 2013), 244–265; David Zaring, "Finding Legal Principle in Global Financial Regulation," *Virginia Journal of International Law* 52, no. 3 (2012): 683–722; Benedict Kingsbury et al., "The Emergence of Global Administrative Law," *Law and Contemporary Problems* 68, no. 3 (2005): 15–62; Kal Raustiala, "The Architecture of International Cooperation: Transgovernmental Networks and the Future of International Law," *Virginia Journal of International Law* 43 (2002): 1–92. The breadth of work on the phenomenon of international regulatory networks has perhaps inevitably occasioned some criticism; see, e.g., Pierre-Hugues Verdier, "Transnational Regulatory Networks and Their Limits," *Yale Journal of International Law* 34, no. 1 (2009): 113–172.

20. Francesca Bignami and David Zaring, eds., *Comparative Law and Regulation: Understanding the Global Regulatory Process* (Cheltenham, UK: Edward Elgar, 2016).

21. The literature on complexity theory is vast. For a popular overview, see Steven Johnson, *Emergence: The Connected Lives of Ants, Brains, Cities, and Software* (New York: Scribner, 2001); Neil Johnson, *Simply Complexity: A Clear Guide to Complexity Theory* (London: Oneworld, 2009); James Gleick, *Chaos: The Making of a New Science* (New York: Viking, 1987); Steven Strogatz, *Sync: How Order Emerges from Chaos in the Universe, Nature, and Daily Life* (New York: Hyperion, 2003); John H. Miller and Scott E. Page, *Complex Adaptive Systems: An Introduction to Computational Models of Social Life* (Princeton: Princeton University

Press, 2003); Scott E. Page, *Diversity and Complexity* (Princeton: Princeton University Press, 2011).

22. Didier Sornette, "Dragon-Kings, Black Swans, and the Prediction of Crises," *International Journal of Terraspace Science and Engineering* 2, no. 1 (2009): 1–18, 1.

23. Robert Axelrod, *The Complexity of Cooperation: Agent-Based Models of Competition and Collaboration* (Princeton: Princeton University Press, 1997), 4.

24. Zeev Maoz, *Networks of Nations: The Evolution, Structure, and Impact of International Networks, 1816–2001* (Cambridge: Cambridge University Press, 2011), 365.

25. Axelrod, *Complexity of Cooperation*.

26. Lars-Erik Cederman, *Emergent Actors in World Politics: How States and Nations Develop and Dissolve* (Princeton: Princeton University Press, 1997).

27. Emilie Hafner-Burton, Miles Kahler, and Alexander Montgomery, "Network Analysis for International Relations," *International Organization* 63, no. 3 (2009): 559–592, 559.

第二章 网络无处不在

1. Before the Digital Age, writes network scientist Duncan J. Watts in *Six Degrees: The Science of a Connected Age* (New York: Norton, 2003), the "only way to get social network data was to go out and collect it by hand." Nowadays, "technology capable of recording social interactions electronically, from phone calls to instant messaging to on-line chat rooms, has increased the size of network data sets by several orders of magnitude" (59).

2. I am indebted to Christina Prell, *Social Network Analysis: History, Theory and Methodology* (Thousand Oaks, CA: Sage 2012). Prell maps the origins of social network analysis in three trajectories from psychology, sociology, and social anthropology, providing an excellent review of the scholarship and major contributors to the field.

3. Social network analysis emerged as a field of academic inquiry unto itself thanks in large part to mathematical physicist-turned-sociologist Harrison White, who in the 1970s established a research program in the Harvard sociology department to study the social network not just as a metaphor but as an analytical concept. White has

taught or influenced many of the most notable scholars in network analysis. See Prell, *Social Network Analysis*, 42–45.

4. For an example of some tools and approaches in use by social media companies, see Derek L. Hansen, Ben Shneiderman, and Marc A. Smith, *Analyzing Social Media Networks with NodeXL: Insights from a Connected World* (Burlington, MA: Elsevier, 2011). For an overview of how companies can use social network analysis to improve their organizations, see Rob Cross and Robert J. Thomas, *Driving Results Through Social Networks* (San Francisco: Jossey-Bass, 2009); and Linton C. Freeman, *The Development of Social Network Analysis* (Charleston, SC: BookSurge, 2004).

5. For a complete introduction to the basic concepts of network science see M. E. J. Newman, *Networks: An Introduction* (New York: Oxford University Press, 2010).

6. Nicholas Christakis and James Fowler, *Connected: The Surprising Power of Our Social Networks and How They Shape Our Lives—How Your Friends' Friends' Friends Affect Everything You Feel, Think, and Do* (New York: Little, Brown, 2009), 28; also see Sanjeev Goyal, *Connections: An Introduction to the Economics of Networks* (Princeton: Princeton University Press, 2007), 6–7, for an overview of empirical work in economics on how membership in different groups explains variation in individual behavior.

7. Mark S. Granovetter, "The Strength of Weak Ties," *American Journal of Sociology* 78, no. 6 (1973): 1360–1380.

8. Prell, *Social Network Analysis*, 34, 166–171.

9. See ibid., 46, in reference to Robert D. Putnam, *Bowling Alone: The Collapse and Revival of American Community* (New York: Simon and Schuster, 2000); and James S. Coleman, *Foundations of Social Theory* (Cambridge: Harvard University Press, 1990).

10. Ronald S. Burt, *Structural Holes: The Social Structure of Competition* (Cambridge: Harvard University Press, 1992).

11. For another approach to forms of social capital, see James S. Coleman, "Social Capital in the Creation of Human Capital," *American Journal of Sociology* 94 (1988): S95–S120.

12. See the help page for network measurement software NetworkAnalyzer, http://med.bioinf.mpi-inf.mpg.de/netanalyzer/help/2.7/#node.

13. Walter Powell, "Neither Market nor Hierarchy: Network Forms of Organization," *Research in Organizational Behavior*, no. 12 (1990): 295–336.

14. See Manuel Castells's three-volume Information Age Trilogy: *The Rise of the Network Society* (Oxford: Blackwell, 1996), *The Power of Identity* (1997), and *End of Millennium* (1998). A significantly updated second edition of *The Rise of Network Society* was published in 2010 (Oxford: Blackwell).

15. Don Tapscott and Anthony D. Williams, *Wikinomics: How Mass Collaboration Changes Everything* (New York: Penguin, 2006).

16. Ibid., 225.

17. Castells, *The Rise of the Network Society* (2010), 180; emphasis in the original.

18. See the PWC website "Hierarchy vs. Network—A New Business Model for Success?" 2014, http://www.digitalinnovation.pwc.com.au/hierarchy-vs-network-business-models/.

19. Karen Stephenson, "Towards a Theory of Government," in *Network Logic*, ed. Helen McCarthy et al., *Demos* 20 (2004): 35–48, 40.

20. Ibid., 45; see also Gillian Tett, *The Silo Effect: The Peril of Expertise and the Promise of Breaking Down Barriers* (New York: Simon and Schuster, 2015).

21. Watts, *Six Degrees;* the first experimental evidence for the existence of small worlds was provided by Stanley Milgram in 1967 (see ibid., 38–39).

22. Albert-Laszlo Barabasi, *Linked: How Everything Is Connected to Everything Else and What It Means for Business, Science, and Everyday Life* (New York: Penguin 2002), 66–72, 135.

23. Fritjof Capra, "Living Networks," in *Network Logic*, ed. Helen McCarthy et al., *Demos* 20 (2004): 25–34.

24. Ibid., 26.

25. McKinsey Global Institute, "Digital Globalization: The New Era of Global Flows," February 2016, http://www.mckinsey.com/business-functions/mckinsey-digital/our-insights/digital-globalization-the-new-era-of-global-flows.

26. Capra, "Living Networks," 28.

27. Ibid., 32, 27.

28. Cited in Barabasi, *Linked*, 231–232.

29. Simon Levin, *Fragile Dominion: Complexity and the Commons* (New York: Basic, 2000).

30. Simon Levin and Jane Lubchenco, "Resilience, Robustness, and Marine Ecosystem-Based Management," *Bioscience* 58, no. 1 (2008): 27–31.

31. Levin, *Fragile Dominion*, 202.

32. I draw heavily here on the work of economist Sanjeev Goyal, whose book *Connections: An Introduction to the Economics of Networks* (Princeton: Princeton University Press, 2007) offers an excellent overview of the economics literature on networks. He references much of the literature on networks from other disciplines and identifies the key difference as one of methodology: economists operate on the methodological premise that "social and economic phenomena must ultimately be explained in terms of the choices made by rational agents" (7).

33. Ibid., 1.

34. Several economists, however, have rejected this approach, arguing that economic incentives can crowd out prosocial behavior; see, e.g., Samuel Bowles, *The Moral Economy: Why Good Incentives Are No Substitute for Good Citizens* (New Haven: Yale University Press, 2016).

35. Example from Goyal, *Connections*, 8.

36. Ibid., 4, 7; see also David Easley and Jon Kleinberg, *Networks, Crowds, and Markets: Reasoning About a Highly Connected World* (New York: Cambridge University Press, 2010), 681–692.

37. Alex Pentland, *Social Physics: How Social Networks Can Make Us Smarter* (New York: Penguin, 2014), 62–70.

38. Ibid., 77–78, 80–84, 88.

39. Paul Adams, *Grouped: How Small Groups of Friends Are the Key to Influence on the Social Web* (Berkeley, CA: New Riders, 2012), 12.

40. Pentland, *Social Physics*, 16.

41. Recall that denser networks feature strong ties, sparse networks weak ties.

42. Economists call this the social multiplier and have sought to quantify it: see, e.g., Edward L. Glaeser, Bruce I. Sacerdote, and Jose A. Scheinkman, "The Social Multiplier," National Bureau of Economic Research Working Paper Series, http://www.nber.org/papers/w9153.

第三章 棋盘视角与网络视角

1. See Abram Chayes and Antonia Handler Chayes, *The New Sovereignty: Compliance with International Regulatory Regimes* (Cambridge: Harvard University Press, 1998).

2. Susan T. Fiske, *Social Beings: Core Motives in Social Psychology* (Hoboken, NJ: Wiley, 2010), 35; Nicholas Christakis and James Fowler contrast homo economicus with *homo dictyous*, meaning "network man." Homo dictyous has motivations that "depart from pure self-interest"; he or she "take[s] the well-being of others into account" in making choices about what to do. Homo dictyous is embedded in society—in networks of people—and thus is shaped by those others in many ways: desires, preferences, tastes, behaviors. Christakis and Fowler, *Connected: The Surprising Power of Our Social Networks and How They Shape Our Lives— How Your Friends' Friends' Friends Affect Everything You Feel, Think, and Do* (New York: Little, Brown, 2009), 222–228. I prefer my construct, based on Fiske and others, of homo sociologicus because it assumes that human beings are in networks or groups to begin with, owing to a desire to connect and belong is itself a deep preference, a default setting, shaped by evolutionary adaptation. But the two constructs certainly overlap.

3. Fiske, *Social Beings*, 35.

4. According to Fiske, social psychologists consider the desire to belong to groups as the predominant social motive.

5. Fareed Zakaria, "Bigger Than the Family, Smaller Than the State: Are Voluntary Groups What Make Countries Work?" *New York Times*, August 13, 1995.

6. David Brooks, in his book *The Social Animal: The Hidden Sources of Love, Character, and Achievement* (New York: Random House, 2011), turns to psychology to argue that our unconscious mind is driven to become one with others: "We seek, more than anything else, to establish deeper and more complete connections" (xvi).

7. See Yochai Benkler, *The Penguin and the Leviathan: How Cooperation Triumphs over Self-Interest* (New York: Crown, 2011); and Samuel Bowles, who in *The Moral Economy: Why Good Incentives Are No Substitute for Good Citizens* (New Haven: Yale University Press, 2016) recounts various experiments that show explicit incentives that assume human selfishness often fail to compel and can even deter a desired

behavior; he concludes, "policies premised on the belief that citizens or employees are entirely self-interested often induce people to act exactly that way" (84).

8. Benkler, *The Penguin and the Leviathan*, 65, 86.

9. See Fiske, *Social Beings*, and Benkler, *The Penguin and the Leviathan*; also, David Brooks, in *The Social Animal*, notes that "Decision making is an inherently emotional business" (17).

10. Fiske, *Social Beings*, notes, "The actual, imagined, or implied presence of others influences the thoughts, feelings, and behaviors of individuals" (34), and "The self is not a fixed entity but depends on the situation" (185).

11. Ibid., 386, 378–385.

12. From a methodological perspective, network theory brings these two worlds together: network structures and dynamics are at least hypothetically the same regardless of whether individuals, corporations, or states constitute the nodes. Social network analysis can work with millions or indeed billions of actors just as well as with 194 states or thousands of parts of states. Indeed, network theory as taught by computer scientists and economists is half graph theory and half game theory, tools that are used equally to study states and people. Still, for purposes of exposition, understanding, and application, it is more helpful to think of two interlinked worlds of states and people. That does not mean, however, that what goes for people automatically goes for states. As Miles Kahler, Emilie Hafner-Burton, and Alexander Montgomery point out, "casual transfer of findings from social networks of individuals must be scrutinized thoroughly. The level of analysis problem in international relations does not disappear in a networked world: are networks of individuals, governments, or other units the subject of investigation?" Hafner-Burton, Kahler, and Montgomery, "Network Analysis for International Relations," *International Organization* 63, no. 3 (2009): 559–592, 586.

13. Some of these dichotomies resemble the split between rationalism and constructivism, in which the modal human thought process is identified as calculation versus socialization. Constructivists are still largely writing about states, however. See Martha Finnemore and Kathryn Sikkink, "Taking Stock: The Constructivist Research Program in International Relations and Comparative Politics," *Annual Review of Political Science* 4 (June 2001): 391–416.

14. Dennis Ross, *Statecraft: And How to Restore America's Standing in the World* (New York: Farrar, Straus and Giroux, 2007), x.

第二部分　连接的战略

1. Julianne Smith, "Our Overworked Security Bureaucracy," *Democracy Journal* 40 (2016), http://democracyjournal.org/magazine/40/our-overworked-security-bureaucracy/.

2. Donald E. Stokes, *Pasteur's Quadrant: Basic Science and Technological Innovation* (Washington, DC: Brookings Institution Press, 1997).

第四章　恢复力网络

1. Simon A. Levin and Jane Lubchenco, "Resilience, Robustness, and Marine Ecosystem-based Management," *Bioscience* 58, no. 1 (2008): 28; for a deeper examination of ecological resilience and complexity see Levin's book *Fragile Dominion: Complexity and the Commons* (New York: Basic, 2000); Levin and coauthors Robert M. May and George Sugihara also analyze financial system stability through an ecosystem framework in "Complex Ecosystems: Ecology for Bankers," *Nature* 451, no. 7181 (2008): 893–895.

2. Andrew Zolli and Ann Marie Healy, *Resilience: Why Things Bounce Back* (New York: Simon and Schuster, 2012), 7.

3. Judith Rodin, *The Resilience Dividend: Being Strong in a World Where Things Go Wrong* (New York: PublicAffairs, 2014).

4. Zolli and Healy, *Resilience*, 9.

5. Albert-Laszlo Barabasi, *Linked: How Everything Is Connected to Everything Else and What It Means for Business, Science, and Everyday Life* (New York: Plume, 2003), 145.

6. Paul Baran, "On Distributed Communications: I. Introduction to Distributed Communications Networks," RAND Corporation (1964), http://www.rand.org/content/dam/rand/pubs/research_memoranda/2006/RM3420.pdf.

7. Zolli and Healy, *Resilience*, 100.

8. Ibid., 14–15.

9. See Robert Axelrod, *The Evolution of Cooperation* (New York: Basic, 1984).

10. See Robert D. Putnam, *Making Democracy Work: Civic Traditions in Modern Italy* (Princeton: Princeton University Press, 1993); and

Bowling Alone: The Collapse and Revival of American Community (New York: Simon and Schuster, 2000). See also Francis Fukuyama, *Trust: The Social Virtues and the Creation of Prosperity* (New York: Free Press, 1995), who calls the entrepreneurial or associational subset of social capital "spontaneous sociability," creating and carrying vital channels of trust throughout a healthy economy and society.

11. See Barabasi, *Linked*, 112–113, 71.

12. Ibid., 109–122.

13. The United Nations predicts that up to 70 percent of the world's population will live in cities by 2050, an addition of 2.5 billion people; United Nations, "World Urbanization Prospects," UN DESA Population Division, 2015. Most of this urban growth will occur in Africa and Asia: China's urban population was 527 million in 2005; it is on track to hit 1 billion by 2030; McKinsey and Company, "Preparing for China's Urban Billion," McKinsey Global Institute, March 2009.

14. "Zebra" is U.S. medical community slang for a rare or unlikely diagnosis. When a medical professional hears hoofbeats, she is trained to think horses—but in rare instances, the sound actually indicates a zebra.

15. Duncan Watts notes that epidemics follow a logarithmic path of growth, from slow-phase to explosive to burnout. Stopping an epidemic depends not on limiting the size of the initial outbreak but on limiting its rate of growth such that it can't reach the explosive phase. Treating early infecteds in a parallel distributed health system would thus confine and slow the spread of a disease; Duncan J. Watts, *Six Degrees: The Science of a Connected Age* (New York: Norton, 2003), 173.

16. Department of Homeland Security, "Written Testimony of NPPD Under Secretary Suzanne Spaulding and NPPD Deputy Under Secretary for Cybersecurity Communications Phyllis Schneck for a House Committee on Homeland Security Hearing Titled 'Examining the President's Cybersecurity Information Sharing Proposal,'" February 25, 2015, https://www.dhs.gov/news/2015/02/25/written-testimony-nppd-under-secretary-and-deputy-under-secretary-cybersecurity.

17. See the National Cybersecurity Communications Integration Center webpage on the U.S. Department of Homeland Security site, https://www.dhs.gov/national-cybersecurity-and-communications-integration-center.

18. DHS, "Written Testimony."

19. John Kelly and Bruce Etling, "Mapping Iran's Online Public: Politics and Culture in the Persian Blogosphere," Internet and Democracy Case Study Series, Berkman Center for Internet and Society, April 2008, http://cyber.law.harvard.edu/sites/cyber.law.harvard.edu/files/Kelly%26Etling_Mapping_Irans_Online_Public_2008.pdf.

20. See Manuel Castells, *Networks of Outrage and Hope* (Cambridge: Polity, 2012), 63–66, 106.

21. A note on terminology here. The type of response networks identified in this section could equally be described as "task networks," networks created for the purpose of executing the task of responding to a disaster. However, the creation of these networks after or preferably before disaster strikes builds resilience of the community or society in critical ways; hence I have included this subcategory of network in the overall category of resilience networks.

22. See testimony from Shona Brown, senior vice president of Google.org, to the U.S. Senate Committee on Homeland Security and Governmental Affairs, "Understanding the Power of Social Media as a Communication Tool in the Aftermath of Disasters," May 5, 2011, https://www.hsdl.org/?view&did=5896.

23. For an account of how Palantir Gotham was used to facilitate response and recovery operations after the Haiti earthquake see Ari Gesher's post on the Palantir Blog, "Haiti: Effective Recovery Through Analysis," April 5, 2010, https://www.palantir.com/2010/04/haiti-effective-recovery-through-analysis/. For how Google's Person Finder was used in the aftermath of the Japanese earthquake and tsunami see "Google Aids Japan Quake Victims," *BBC News,* March 11, 2011, http://www.bbc.com/news/technology-12711244.

24. Zolli and Healy, *Resilience,* 186–189. For another account of Mission 4636, see Anne Nelson, Ivan Sigal, and Dean Zambrano, "Media, Information Systems, and Communities: Lessons from Haiti," Knight Foundation, January 10, 2011, http://www.knightfoundation.org/media/uploads/publication_pdfs/KF_Haiti_Report_English.pdf. See also Eric Schmidt and Jared Cohen, *The Digital Age: Reshaping the Future of People, Nations, and Business* (New York: Knopf, 2013), 240.

25. Keri K. Stephens and Patty Malone, "New Media for Crisis Communication: Opportunities for Technical Translation, Dialogue,

and Stakeholder Responses," in *The Handbook of Crisis Communication*, ed. W. Timothy Coombs and Sherry J. Holladay (Malden, MA: Wiley-Blackwell, 2010), 381–395, 383.

26. Ben Ramalingam, *Aid on the Edge of Chaos* (Oxford: Oxford University Press, 2013), 306.

27. See "Informal Disaster Governance Systems," City Leadership Initiative, http://www.cityleadership.net/informal-governance-systems/.

28. Social psychologist Susan Fiske in *Social Beings: Core Motives in Social Psychology* (Hoboken, NJ: Wiley, 2010) notes that the need to belong, to form "strong, stable relationships" with others, is the core human social motivation (18). And conflict resolution expert Donna Hicks in *Dignity: Its Essential Role in Resolving Conflict* (New Haven: Yale University Press, 2011) identifies dignity—having one's self-worth and value recognized by others—as a crucial precondition for human connection. Francis Fukuyama in *The End of History and the Last Man* (New York: Avon, 1992) ties this notion to governance, writing that the state's recognition of the essential dignity of its population is necessary for long-term stability.

29. Ruti Teitel, *Humanity's Law* (New York: Oxford University Press, 2011), 217.

30. For example, Brooks notes that when people achieve a sense of close affinity with one another their brain is flooded with contentment-inducing oxytocin, "nature's way of weaving people together"; David Brooks, *The Social Animal: The Hidden Sources of Love, Character, and Achievement* (New York: Random House, 2011), 64.

31. Yochai Benkler, *The Penguin and the Leviathan: How Cooperation Triumphs over Self-Interest* (New York: Crown, 2011), 103.

32. Fiske, *Social Beings*, 282.

33. Tina Rosenberg, *Join the Club: How Peer Pressure Can Transform the World* (New York: Norton, 2011).

34. See, e.g., Jonah Lehrer, "Do Parents Matter?" *Scientific American*, April 9, 2009, http://www.scientificamerican.com/article/parents-peers-children/.

35. Using game theory and repeated experiments, scholars and researchers have shown that the expectation of future interaction—what Robert Axelrod in *The Evolution of Cooperation* calls "the shadow of the future"—is necessary to sustain cooperation.

36. Alex Pentland, *Social Physics: How Social Networks Can Make Us Smarter* (New York: Penguin, 2014), 69.

37. Ibid., 77.

38. See "Global Entrepreneurship Program," U.S. State Department, http://www.state.gov/e/eb/cba/entrepreneurship/gep/.

39. Watts, *Six Degrees*, 241.

40. For example, Matthew Haag and Richard Lagunoff show that in a local setting where player discount factors are unknown, a maximally connected neighborhood design can increase sustained cooperation; Haag and Lagunoff, "Social Norms, Local Interaction, and Neighborhood Planning," *International Economic Review* 47 no. 1 (2006): 265–296.

41. Sean Safford, *Why the Garden Club Couldn't Save Youngstown* (Cambridge: Harvard University Press, 2009), 9.

42. Ibid., 93, 7.

43. Again, see Mark S. Granovetter, "The Strength of Weak Ties," *American Journal of Sociology* 78, no. 6 (1973): 1360–1380.

44. Watts, *Six Degrees*, 118, 146–156.

45. See M. E. J. Newman, *Networks: An Introduction* (New York: Oxford University Press, 2010), 207.

46. Zeev Maoz et al., "What Is the Enemy of My Enemy? Causes and Consequences of Imbalanced International Relations, 1816–2001," *Journal of Politics* 69, no. 1 (2007): 100–115.

47. Moises Naim, *Illicit: How Smugglers, Traffickers, and Copycats Are Hijacking the Global Economy* (New York: Anchor, 2006).

48. Lisa Gansky, *The Mesh: Why the Future of Business Is Sharing* (New York: Portfolio Penguin, 2010), 5, 16.

49. NYU Stern School of Business professor Arun Sundararajan, in *The Sharing Economy: The End of Employment and the Rise of Crowd-Based Capitalism* (Cambridge: MIT Press, 2016), writes that a key characteristic of the sharing economy is "crowd-based networks rather than centralized institutions or hierarchies" (27).

50. Gansky, *The Mesh*, 16; emphasis in the original.

51. Sundararajan writes that the sharing economy "hints at the shift away from faceless, impersonal 20th-century capitalism and toward exchange that is somehow more connected, more embedded in community, more reflective of a shared purpose"; *The Sharing Economy*, 35.

52. Sundararajan again: before the Industrial Revolution, economic exchange was mostly peer-to-peer embedded in communities where trust was based on social ties; today, because of online platforms that create the possibility of trust without a history of personal interaction, the sharing economy is "scaling behaviors and forms of exchange" that used to exist only in tightly knit communities to a "broader, loosely knit digital community of semi-anonymous peers"; ibid., 38.

53. Fukuyama, *Trust*.

54. See part 2 of the UN Framework Convention on Climate Change, "Report of the Conference of the Parties on its Twenty-first Session, Held in Paris from 30 November to 13 December 2015," January 29, 2016, 18.

第五章　任务网络

1. Stanley McChrystal et al., *Team of Teams: New Rules of Engagement for a Complex World* (New York: Portfolio/Penguin, 2015).

2. This is a central idea motivating the discipline of social physics. See Alex Pentland, *Social Physics: How Social Networks Can Make Us Smarter* (New York: Penguin, 2014), 6–8.

3. Some of the work on these types of networks in economic theory uses the classic game theory that is the basis of *A Strategy of Conflict* and chessboard approaches to international relations generally. The economics of networks relies heavily on two bodies of theory: graph theory describes network structure, and game theory is used to model and predict individual behavior in networked settings.

4. Axelrod invited notable game theorists to submit strategies for a round-robin tournament of two hundred–round prisoner's dilemma games run on computers. In each game, a player had to commit to a strategy in advance that dictated whether to cooperate with her opponent or defect in each round. The winner, Anatol Rapoport, used the tit-for-tat strategy, which was to cooperate on the first move and then on each subsequent move repeat the opponent's previous move. Axelrod repeated the tournament with a larger group and Rapoport again won using the same strategy. Tit-for-tat was not a new strategy, but after its success in the tournaments, Axelrod popularized it in several prominent papers on cooperation; see three papers from Robert Axelrod: "Effective Choice in the Prisoner's Dilemma," *Journal of Conflict Resolution* 24,

no. 1 (1980): 3–25; "More Effective Choice in the Prisoner's Dilemma," *Journal of Conflict Resolution* 24, no. 3 (1980): 379–403; and, with William D. Hamilton, "The Evolution of Cooperation," *Science* 211, no. 4489 (1981): 1390–1396.

5. See Elinor Ostrom, "Beyond Markets and States: Polycentric Governance of Complex Economic Systems," *American Economic Review* 100 (2010): 1–33.

6. Chess players do understand that governments have a variety of interests and can cooperate with one another on some issues while taking adversarial positions on others. But as Keohane and Nye argue in *Power and Interdependence*, they privilege military security as "the dominant goal," meaning that adversary states on military issues are seen primarily as adversaries, even if they are cooperators on nonmilitary issues; Joseph S. Nye, Jr., and Robert O. Keohane, *Power and Interdependence* (Boston: Little, Brown, 1977).

7. The literature of games on networks is dense, and many researchers have studied the core-periphery structure in various settings. For an experimental finding of this result see the research paper by Yunkyu Sohn et al., "Core-Periphery Segregation in Evolving Prisoner's Dilemma Networks," *arXiv*, 2011, https://arxiv.org/ftp/arxiv/papers/1105/1105.0515.pdf. For theoretical evidence of the stability of the core-periphery network structure see Matthew Haag and Roger Lagunoff, "Social Norms, Local Interaction, and Neighborhood Planning," *International Economic Review* 47, no. 1 (2006), http://faculty.georgetown.edu/lagunofr/sn9.pdf.

8. Gabriella Blum, *Islands of Agreement: Managing Enduring Armed Rivalries* (Cambridge: Harvard University Press, 2007).

9. Robert Keohane, *After Hegemony: Cooperation and Discord in the World Political Economy* (Princeton: Princeton University Press, 1984).

10. The cheapest and most efficient way to provide public goods is through a star network, in which one central actor provides the good, as the United States provided the lion's share of global security and economic prosperity for at least the Western world after World War II. As network theory tells us, however, the star network is highly vulnerable to an attack on the center. Another weakness is that many citizens of the "star" in the network, otherwise described as the "hegemon" in the international system (i.e., the United States), may come to see the disproportionate share of burden as unfair and potentially untenable; see Matthew

O. Jackson, *Social and Economic Networks* (Princeton: Princeton University Press, 2008), 277.

11. Phillip M. Hannam et al., "Incomplete Cooperation and Co-benefits: Deepening Climate Cooperation with a Proliferation of Small Agreements," *Climatic Change*, 2015, doi:10.1007/s10584-015-1511-2; quotations at 5, 1. See also Sander Chan et al., "Reinvigorating International Climate Policy: A Comprehensive Framework for Effective Nonstate Action," *Global Policy* 6, no. 4 (2015): 466–473, which explains how the new climate regime created at Paris can link to the "groundswell" of climate actions from cities, civil society groups, and other nonstate actors; for an overview of how the Paris Agreement creates a new paradigm of international agreement precisely due to its catalyzing and facilitating elements regarding web actors, see Thomas Hale, "All Hands on Deck: The Paris Agreement and Nonstate Climate Action," *Global Environmental Politics* 16, no. 3 (2016): 12–22.

12. Liliana Andonova, Thomas Hale, and Charles Roger, "National Policy and Transnational Governance of Climate Change: Substitutes or Complements?" *International Studies Quarterly*, forthcoming.

13. Phillip M. Hannam et al., "Incomplete Cooperation and Co-benefits," 5, 7, 8.

14. See, e.g., Elinor Ostrom, "Beyond Markets and States: Polycentric Governance of Complex Economic Systems," *American Economic Review* 100, no. 3 (2010): 1–33. Vincent Ostrom, Charles Tiebout, and Robert Warren introduced the idea of polycentricity in 1961 to characterize the provision of public services in cities.

15. Elinor Ostrom, "Nested Externalities and Polycentric Institutions: Must We Wait for Global Solutions to Climate Change Before Taking Actions at Other Scales?" *Economic Theory* 49, no. 2 (2012): 353–369.

16. An exception to the trend is economist Samuel Bowles, who in *The Moral Economy: Why Good Incentives Are No Substitute for Good Citizens* (New Haven: Yale University Press, 2016) makes an economic case for how rewards and punishments crowd out cooperative behavior.

17. For a formalization of this result, see the 2015 research paper draft "Whom Can You Trust? Reputation and Cooperation in Networks" by Maia King, University of London, http://www.fas.harvard.edu/~histecon/informationtransmission/papers/Trust_MK_Draft.pdf.

18. Homophily, "the conscious or unconscious tendency to associate with people who resemble us," has been researched extensively; for an overview see Nicholas Christakis and James Fowler, *Connected* (New York: Little, Brown, 2009), 17. Tina Rosenberg, in *Join the Club: How Peer Pressure Can Transform the World* (New York: Norton, 2011), writes about individuals and movements motivated by preferential association. Alex Pentland discusses the power and limitations of social pressure in *Social Physics*, especially in chapter 4 (62–84). And in both experimental and natural human settings, people will pay cooperative behavior forward even when reputations are unknown and direct reciprocity is impossible, Nicholas Christakis and James Fowler, "Cooperative Behavior Cascades in Human Social Networks," *PNAS* 107, no. 12 (2010), http://www.pnas.org/content/107/12/5334.abstract.

19. Ben Ramalingam, *Aid on the Edge of Chaos* (Oxford: Oxford University Press, 2013), 205.

20. McChrystal et al., *Team of Teams*, 100, 105.

21. In his examination of team intelligence in *Social Physics*, Alex Pentland notes that a group's collective intelligence is an emergent property—different from and greater than the sum individual intelligence of the team's participants (87–91).

22. Humans form close bonds with a limited number of people: Most people have five people in their "inner circle" and up to fifteen they're very close to; Paul Adams, *Grouped: How Small Groups of Friends Are the Key to Influence on the Social Web* (Berkeley, CA: New Riders, 2012). MIT's Alex Peatland notes that the atmosphere and performance of an organization depends on how closely connected teams of people are to one another.

23. McChrystal et al., *Team of Teams*, 127.

24. Ibid., 104, 105. The authors refer to Steven Johnson's book *Emergence: The Connected Lives of Ants, Brains, Cities, and Software* (New York: Scribner, 2001).

25. McChrystal et al., *Team of Teams*, 105.

26. Good idea flow improves the productivity and decision making of a team; Pentland, *Social Physics*, 103. A study of team intelligence and performance published in *Science* found that teams essentially operate as "idea-processing machines in which the pattern of idea flow is the driving factor in performance." Surprisingly, the data showed that the "pattern of idea flow by itself was more important to group performance"

than every other factor combined, including cohesion, motivation, and satisfaction; see Anita W. Wooley et al., "Evidence for a Collective Intelligence Factor in the Performance of Human Groups," *Science* 330, no. 6004 (2010): 686–688.

27. McChrystal et al., *Team of Teams*, 164–169.

28. Sanjeev Goyal, *Connections: An Introduction to the Economics of Networks* (Princeton: Princeton University Press, 2007), 100. This is a formal way of describing "the wisdom of crowds," which is examined by James Surowiecki in *The Wisdom of Crowds: Why the Many Are Smarter Than the Few and How Collective Wisdom Shapes Business, Economies, Societies, and Nations* (New York: Anchor, 2005). Also, the O&I demonstrated that whereas strong ties are important for output, weak ties are important for input, as they carry valuable information across groups and "play a vital role in sustaining technological change and dynamism" in an organization or society; Goyal, *Connections*, 99. The O&I also showcased small world properties—that distant clusters (agencies, units, and so on) could be connected via a shortcut link.

29. McChrystal et al., *Team of Teams*, 213–214, 168; emphasis in the original.

30. Marshall Van Alstyne, "The State of Network Organization: A Survey in Three Frameworks," *Journal of Organizational Computing* 7, no. 3 (1997): 88–151; emphasis in the original.

31. Lisa Gansky, *The Mesh: Why the Future of Business Is Sharing* (New York: Portfolio Penguin, 2010), 118.

32. A "multi-scale network" features horizontal and vertical links across all levels of an organization to optimize information flow. Teams form and connect with one another to work on projects in a "continual swirl of problem-solving activity and ever shifting interactions between the problem solvers, each of whom has information relevant to the solution of a particular problem but none of whom knows enough to act in isolation"; Duncan J. Watts, *Six Degrees: The Science of a Connected Age* (New York: Norton, 2003), 269.

33. Walter W. Powell, "The Capitalist Firm in the Twenty-First Century: Emerging Patterns in Western Enterprise," in *The Twenty-First Century Firm: Changing Economic Organization in International Perspective*, ed. Paul DiMaggio (Princeton: Princeton University Press, 2001), 33–68, 68.

34. Henry Chesbrough, *Open Innovation: The New Imperative for Creating and Profiting from Technology* (Boston: Harvard Business School Press, 2003), xxiv. Also see Chesbrough's Open Innovation Community website, http://openinnovation.net/category/open-innovation/.

35. See Innocentive website About page, http://www.innocentive.com/about-innocentive.

36. Yochai Benkler, *The Penguin and the Leviathan: How Cooperation Triumphs over Self-Interest* (New York: Crown, 2011), 109.

37. See In-Q-Tel website About page, https://www.iqt.org/about-iqt/.

38. See Aaron Metha, "At Silicon Valley Outpost, Carter Hears Pitches from Small Firms," *Defense News*, March 3, 2016, http://www.defensenews.com/story/defense/innovation/2016/03/03/diux-shark-tank-silicon-valley-as-carter-small-firms/81244834/.

39. See Ash Carter, "The 'X' is for Experimental," *Medium*, May 11, 2016, https://medium.com/@SecDef/the-x-is-for-experimental-3c9438e76214#.ebu7ci9qo.

40. Jeff Jarvis, *What Would Google Do? Reverse-Engineering the Fastest Growing Company in the History of the World* (New York: HarperCollins, 2009), 26.

41. See Ilkka Tuomi, *Networks of Innovation: Change and Meaning in the Age of the Internet* (New York: Oxford University Press, 2002), 219. Writing about open-source innovations, Tuomi explores two different models of Internet-enabled innovation, one based on "increasing specialization and the other on combination of existing resources," 6 and chapter 7.

42. Van Alstyne, "The State of Network Organization." Van Alstyne bases this conclusion on his own research as well as that of other information, organizational, and management theorists. There is a large and growing body of research on teams, which finds that the most productive teams have four to twelve members. See, e.g., http://knowledge.wharton.upenn.edu/article/is-your-team-too-big-too-small-whats-the-right-number-2/.

43. Chesbrough, *Open Innovation*, 295.

第六章　规模网络

1. Ori Brafman and Rod Beckstrom, *The Starfish and the Spider: The Unstoppable Power of Leaderless Organizations* (New York: Penguin, 2006), 36–37, 46–49.

2. Ibid., 37.

3. Anonymous, *Alcoholics Anonymous: The Big Book* (New York: A.A. World Services, 1939).

4. See the homepage for Team Rubicon Global, http://teamrubiconglobal.org.

5. Tina Rosenberg, *Join the Club: How Peer Pressure Can Transform the World* (New York: Norton, 2011), xx.

6. Ibid., xviii.

7. See the homepage for "A Force More Powerful," http://www.aforcemorepowerful.org/index.php.

8. Alex Pentland, *Social Physics: How Social Networks Can Make Us Smarter* (New York: Penguin, 2014), 41.

9. Malcolm Gladwell, *The Tipping Point: How Little Things Can Make a Big Difference* (New York: Little, Brown, 2000).

10. As Duncan J. Watts writes, "The more people whose actions or opinions you take into account before making a decision, the less influence any *one* of them will have over you. So when *everyone* is paying attention to many others, no single innovator, acting alone, can activate any one of them"; *Six Degrees: The Science of a Connected Age* (New York: Norton, 2003), 240; emphasis in the original.

11. Paul Adams, *Grouped: How Small Groups of Friends Are the Key to Influence on the Social Web* (Berkeley, CA: New Riders 2012), 151, 147, 77–81.

12. Watts, *Six Degrees*, 231.

13. In 2011, Pentland, along with MIT postdoc Yaniv Altshuler and Ph.D. student Wei Pan, analyzed nearly ten million financial transactions on the eToro platform and mapped a distribution with users who made their own isolated trades at one end and those who always copied someone else at the other. They found that those in the middle, who relied on a diversity of ideas, had an average rate of return 30 percent higher than the isolateds and the herd. See Alex Pentland, "Beyond the Echo Chamber," *Harvard Business Review*, November 2013, https://hbr.org/2013/11/beyond-the-echo-chamber.

14. Alex Pentland, *Social Physics: How Social Networks Can Make Us Smarter* (New York: Penguin, 2014), 34, 52.

15. Watts's insight is that a person's critical threshold—the point at which she changes from A to B—can be thought of in terms of degree,

the fraction of a person's neighbors that have adopted the change. If a person's critical threshold is one-third it means she will change from A to B once one-third of the people she is connected to are choosing B. She has a "critical upper degree" of three. If she is connected to four individuals and one chooses B, it will have no effect on her. It's the fraction that matters. *Six Degrees, 233–234.*

16. In Watts's global cascade model, if one or more initial innovators are connected to enough early adopters (nodes with low critical thresholds) then a "percolating vulnerable cluster" exists. For an innovation to jump the cluster and go global, the structure of a network matters as much as the characteristics of the innovation itself. The cluster can't be too sparse—but it also can't be too dense. *Six Degrees, 235–237.*

17. Google Flu "predicts outbreaks by counting the number of Internet searches using the word 'flu' that occur in each state or region"; Pentland, *Social Physics,* 145. Research by Anmol Madan, Wen Dong, and colleagues at MIT found that people change their mobile phone behavior when they are ill; crowd-sourcing this information plus locational data can yield a map to track a pandemic and identify effective places to intervene; cited ibid., 145–149.

18. See, e.g., David Ignatius, "The Antidote to Mideast Violence," *Washington Post,* May 12, 2015, https://www.washingtonpost.com/opinions/an-islamic-state-antidote/2015/05/12/68ae72ce-f8dc-11e4-a13c-193b1241d51a_story.html?utm_term=.47a713fcf655&wpmk—K0000203.

19. See Andy Greenberg, "Google's Clever Plan to Stop Aspiring ISIS Recruits," *Wired,* September 7, 2016, https://www.wired.com/2016/09/googles-clever-plan-stop-aspiring-isis-recruits/.

20. Pentland, *Social Physics,* 38–39.

21. See Sarah Chayes, "The Structure of Corruption: A Systemic Analysis Using Eurasian Cases," Carnegie Endowment for International Peace, June 30, 2016, http://carnegieendowment.org/2016/06/30/structure-of-corruption-systemic-analysis-using-eurasian-cases-pub-63991.

22. Walter W. Powell, "The Capitalist Firm in the Twenty-First Century: Emerging Patterns in Western Enterprise," in *The Twenty-First Century Firm: Changing Economic Organization in International Perspective,* ed. Paul DiMaggio (Princeton: Princeton University Press, 2001), 33–68, 61.

23. For an example, see Watts's account of how Toyota's suppliers quickly restored production after a fire wiped out the company's lone P-valve producer; *Six Degrees*, 254–260.

24. See the GAVI website About page, http://www.gavi.org/about/.

25. Similarly, the nascent International Solar Alliance attempts to aggregate demand for solar energy projects to facilitate the flow of financing from developed countries to developing ones; see Arunabha Ghosh and Kanika Chawla, "Can the International Solar Alliance Change the Game?" *Hindu*, August 26, 2016, http://www.thehindu.com/opinion/columns/can-the-international-solar-alliance-change-the-game/article9032508.ece.

26. See David A. Kaye, "Justice Beyond The Hague: Supporting the Prosecution of International Crimes in National Courts," Council on Foreign Relations, Council Special Report no. 61, June 2011, http://www.cfr.org/courts-and-tribunals/justice-beyond-hague/p25119.

27. See the Global Covenant of Mayors for Climate and Energy homepage, http://www.compactofmayors.org/globalcovenantofmayors/.

28. John Hagel III, John Seely Brown, and Lang Davison, *The Power of Pull: How Small Moves, Smartly Made, Can Set Big Things in Motion* (New York: Basic, 2010); see also David Siegel, *Pull: The Power of the Semantic Web to Transform Your Business* (New York: Portfolio, 2009).

29. Steven Rosenbaum, *Curation Nation: How to Win in a World Where Consumers Are Creators* (New York: McGraw Hill, 2011), 5; emphasis in the original.

30. Google Jigsaw was formerly Google Ideas, the company's think tank. See Jigsaw's website, https://jigsaw.google.com.

31. Nannerl O. Keohane, *Thinking About Leadership* (Princeton: Princeton University Press, 2010), 58.

32. See Nicholas Kristof's piece on how the DIY approach is being applied to foreign aid and development, "D.I.Y. Foreign-Aid Revolution," *New York Times Magazine*, October 20, 2010, http://www.nytimes.com/2010/10/24/magazine/24volunteerism-t.html.

33. See Samasource's website, http://www.samasource.org.

34. Yochai Benkler, *The Penguin and the Leviathan: How Cooperation Triumphs over Self-Interest* (New York: Crown, 2011), 173.

35. Thomas Goetz, "Open Source Everywhere," *Wired*, November 1, 2003, http://www.wired.com/2003/11/opensource/.

36. Tim O'Reilly, "The Architecture of Participation," *O'Reilly Media*, June 2004, http://archive.oreilly.com/pub/a/oreilly/tim/articles/architecture_of_participation.html.

37. Quoted in Goetz, "Open Source Everywhere."

38. Started in 1991 by Linus Torvalds, Linux marked a radical new mode of software development. Rather than taking the characteristic centralized approach, which views large, important software as "cathedrals, carefully crafted by individual wizards or small bands of mages," Torvalds was freewheeling and "open to the point of promiscuity": "the Linux community seemed to resemble a great babbling bazaar of differing agendas and approaches ... out of which a coherent and stable system" emerged and developed "at a speed barely imaginable to cathedral-builders"; Ilkka Tuomi, *Networks of Innovation: Change and Meaning in the Age of the Internet* (New York: Oxford University Press, 2002), 164. By 2000, many major software companies began making their products available for Linux, which had become a viable alternative to Microsoft. More than eighty-five million people now use Linux; see the Linux Counter website, https://www.linuxcounter.net/statistics.

39. Linux was developed collectively without any apparent concern for profit or any other economic factor. The economic impact of Linux—as a cost-cutting, interoperable, nonproprietary alternative to Microsoft or Apple operating systems—is merely a "*side effect* of a long period of technology creation"; Tuomi, *Networks of Innovation*, 3; emphasis added.

40. Clay Shirky, TED Talk, "How the Internet Will (One Day) Transform Government," June 2012, https://www.ted.com/talks/clay_shirky_how_the_internet_will_one_day_transform_government#t-634081.

41. A similar network, the Global Water Partnership, already exists, though it lacks the cumulation piece; see the Global Water Partnership About page, http://www.gwp.org/en/About-GWP/.

42. A defining feature of many network organizations is a powerful central hierarchy of concentrated authority and power. See Geoff Mulgan, "Convexity Revisited," in *Network Logic*, ed. Helen McCarthy et al., *Demos* 20 (2004): 49–62, 53.

43. See the Wikimedia Foundation "Staff and contractors" page, https://wikimediafoundation.org/wiki/Staff_and_contractors.

44. Ash Carter, "Remarks on 'Asia-Pacific's Principled Security Network' at 2016 IISS Shangri-La Dialogue," June 4, 2016, http://www.defense.gov/News/Speeches/Speech-View/Article/791213/remarks-on-asia-pacifics-principled-security-network-at-2016-iiss-shangri-la-di.

第七章　网络力量

1. Anne-Marie Slaughter, "America's Edge: Power in the Networked Century," *Foreign Affairs*, January–February 2009, https://www.foreignaffairs.com/articles/united-states/2009-01-01/americas-edge.

2. Joshua Cooper Ramo, *The Seventh Sense: Power, Fortune, and Survival in the Age of Networks* (New York: Little, Brown, 2016), 34.

3. Steven Lukes, *Power: A Radical View*, 2nd ed. (London: Palgrave Macmillan, 2005).

4. Joseph S. Nye Jr., *Soft Power: The Means to Success in World Politics* (New York: Public Affairs, 2004).

5. Suzanne Nossel, "Smart Power," *Foreign Affairs*, March–April 2004, https://www.foreignaffairs.com/articles/united-states/2004-03-01/smart-power. Nye first used the term nonspecifically in his 2004 book *Soft Power*: "Smart power means learning better how to combine our hard and soft power" (32). In 2006, Nye cochaired the CSIS Commission on Smart Power to develop a comprehensive U.S. smart power strategy; see the commission's report, Richard Armitage and Joseph Nye, co-chairs, "A Smarter, More Secure America" (Washington, DC: CSIS, 2007).

6. Ramo, *Seventh Sense*, 78, 116; emphasis in the original.

7. Walter Powell, "Neither Market nor Hierarchy: Network Forms of Organization," *Research in Organizational Behavior* 12 (1990): 295–336, 304.

8. Ibid., 295; also, corporate anthropologist Karen Stephenson notes that repeated reciprocity solidifies into a "golden trust," which is the key to the power of networks. See Stephenson, "Towards a Theory of Government," in *Network Logic*, ed. Helen McCarthy et al., *Demos* 20 (2004): 35–48, 40.

9. See Michael Kenney, "Turning to the 'Dark Side': Coordination, Exchange, and Learning in Criminal Networks," in *Networked Politics: Agency, Power, and Governance*, ed. Miles Kahler (Ithaca, NY: Cornell University Press, 2009), 79–99, 87.

10. See Miles Kahler, "Networked Politics: Agency, Power, and Governance," in Kahler, *Networked Politics*, 1–20, 15.

11. David A. Lake and Wendy H. Wong, "The Politics of Networks: Interest, Power, and Human Rights Norms," in Kahler, *Networked Politics*, 127–150.

12. Kahler, "Networked Politics," 15. David Singh Grewal, in *Network Power: The Social Dynamics of Globalization* (New Haven: Yale University Press, 2008), calls this feature "availability," the "ease with which a network accepts new entrants" (176).

13. In their book on transnational advocacy networks *Activists Beyond Borders* (Ithaca, NY: Cornell University Press, 1998), Margaret Keck and Kathryn Sikkink write that the "construction of cognitive frames" is an essential component of strategy and power for activist networks (17). Manuel Castells, in *Networks of Outrage and Hope* (Cambridge: Polity, 2012), goes a step farther, asserting that "the construction of meaning in people's minds is a more decisive and more stable source of power" than coercion or intimidation (5).

14. Helen Yanacopulos, "Cutting the Diamond: Networking Economic Justice," in Kahler, *Networked Politics*, 67–78, 72–73.

15. Ramo, *Seventh Sense*, 104.

16. See Kahler, "Networked Politics," 14.

17. See ibid., 12.

18. See the Lowy Institute's interactive Global Diplomacy Index, http://www.lowyinstitute.org/global-diplomacy-index/.

19. Kahler, "Networked Politics," 14.

20. See Singh, *Network Power*, 228–229.

21. Castells, *Networks of Outrage and Hope*, 8–9.

22. Kahler, "Networked Politics," 13.

23. Lake and Wong, "Politics of Networks," 133.

24. The Composite Index of National Capability (CINC) was created in 1963 for the Correlates of War Project as a measure of state power based on economic, military, and demographic strength. The six components are each expressed as a ratio of the world's total, added up, and divided by six to yield that country's CINC score. See the Wikipedia entry on the CINC, https://en.wikipedia.org/wiki/Composite_Index_of_National_Capability.

25. In international relations speak, "Network structure inverts the neorealist view of international structure as a distribution of capabilities; capabilities in the networked view rely on connections to other members of the network"; Kahler, "Networked Politics," 12.

26. This language comes from a piece I wrote for the *Atlantic* called "A New Theory for the Foreign-Policy Frontier: Collaborative Power," November 30, 2011, http://www.theatlantic.com/international/archive/2011/11/a-new-theory-for-the-foreign-policy-frontier-collaborative-power/249260/.

27. Mary Parker Follett, *Creative Experience* (London: Longmans, Green, 1930), xiii.

28. Hannah Arendt, *The Human Condition* (Chicago: University of Chicago Press, 1958), 180.

29. Hannah Arendt, *On Violence* (Orlando: Harcourt, Brace, 1970), 143.

30. Arendt, *The Human Condition*, 200.

31. Remi Peeters, "Against Violence, but Not at Any Price: Hannah Arendt's Concept of Power," *Ethical Perspectives: Journal of the European Ethics Network* 15, no. 2 (2008): 169–192, 174.

32. See Howard Rheingold, *Smart Mobs: The Next Social Revolution* (New York: Basic, 2002).

33. Deanna Zandt, *Share This! How You Will Change the World with Social Networking* (San Francisco: Berrett-Koehler, 2010), ix.

34. Lisa Gansky, *The Mesh: Why the Future of Business Is Sharing* (New York: Portfolio Penguin, 2010).

35. Manuel Castells, *Communication Power* (New York: Oxford University Press, 2009), 43.

36. Ramo, *The Seventh Sense*, 205, 206.

37. Ibid., 235, 236.

38. See the Purpose website, https://www.purpose.com.

39. See the #GivingTuesday website, http://www.givingtuesday.org.

40. Jeremy Heimans and Henry Timms, "Understanding 'New Power,'" *Harvard Business Review*, December 2014, https://hbr.org/2014/12/understanding-new-power.

41. Ibid.

42. Ibid.

43. Google Ideas, the tech giant's former think tank, held a summit in June 2011 that brought together more than eighty former extremists ranging from white supremacists to jihadists to urban gang members. As Eric Schmidt and Jared Cohen recount it in *The New Digital Age: Reshaping the Future of People, Nations and Business* (New York: Knopf, 2013), the participants revealed strikingly similar motivations for joining their respective extremist organization—most driven by the desire to belong to a group and to gain a support network.

44. Tim O'Reilly, "The Architecture of Participation," *O'Reilly Media*, June 2004, http://archive.oreilly.com/pub/a/oreilly/tim/articles/architecture_of_participation.html.

45. See the U.S. Navy, U.S. Marine Corps, and U.S. Coast Guard joint report *A Cooperative Strategy for 21st Century Seapower*, October 2007, https://www.ise.gov/sites/default/files/Maritime_Strategy.pdf.

46. See the 2016 Global Trends Report from the Office of the Director of National Intelligence's National Intelligence Council.

47. Anne-Marie Slaughter, "America's Edge: Power in the Networked Century," *Foreign Affairs*, January–February 2009, https://www.foreignaffairs.com/articles/united-states/2009-01-01/americas-edge; for an excellent analysis of orchestration in networked organizations, see Kenneth W. Abbot and Thomas Hale, "Orchestrating Global Solution Networks: A Guide for Organizational Entrepreneurs," *Innovations Technology Governance Globalization* 9, nos. 1–2 (2014): 195–212.

第八章　网络领导方式

1. Nannerl O. Keohane, *Thinking About Leadership* (Princeton: Princeton University Press, 2010), 23.

2. Ibid., 1.

3. Scholars of social movements and transnational networks assert the importance of clarified direction for sustaining a movement or organization. See Miles Kahler's edited volume *Networked Politics: Agency, Power, and Governance* (Ithaca, NY: Cornell University Press, 2009), and Margaret Keck and Kathryn Sikkink, *Activists Beyond Borders* (Ithaca, NY: Cornell University Press, 1998).

4. "Orchestrate" is a favorite term of open-innovation scholars. For example, Wim Vanhaverbeke and Myriam Cloodt, in "Open Innovation in Value Markets," in *Open Innovation: Researching a New Paradigm*, ed.

Henry Chesbrough, Wim Vanhaverbeke, and Joel West (Oxford: Oxford University Press, 2006), 258–284, write, "Key players in Open Innovation have to orchestrate the network of partners that are crucial to develop or to exploit particular innovations" (277).

5. See, for example, Yimei Hu and Olav Jull Sorensen's 2012 research paper "Open Innovation in Networks: Specifying Orchestration Capability for SMEs," https://www.djoef-forlag.dk/services/djm/ledelsedocs/2012/2012_2/le_2012_2_2.pdf.

6. See Keohane, *Thinking About Leadership*; Manuel Castells, *Communication Power* (New York: Oxford University Press, 2009); and Jon R. Katzenbach and Zia Khan, *Leading Outside the Lines: How to Mobilize the Informal Organization, Energize Your Team, and Get Better Results* (San Francisco: Jossey-Bass, 2010).

7. See the Partnership Brokers Association website, http://www.partnershipbrokers.org; Satish Nambisan and Mohanbir Sawhney, *The Global Brain* (Upper Saddle River, NJ: Wharton School Publishing, 2008); Jeffrey Walker, "Solving the World's Biggest Problems Takes Ensembles, Not Soloists," *Huffington Post*, October 3, 2014, http://www.huffingtonpost.com/jeffrey-walker/solving-the-worlds-bigges_b_5925092.html; and Vanessa Kirsch et al., "Why Social Ventures Need Systems Thinking," *Harvard Business Review*, July 25, 2016, https://hbr.org/2016/07/why-social-ventures-need-systems-thinking.

8. As this book went to press I was made aware of Network Weavers, a consulting organization led by June Holley that has developed a network leadership checklist with seven "Cs": Connect, Catalyze, Convene, Communicate, Cultivate, Curate, Collaborate.

9. Keohane, *Thinking About Leadership*, 19.

10. Stanley McChrystal et al., *Team of Teams: New Rules of Engagement for a Complex World* (New York: Portfolio/Penguin, 2015), 225.

11. George P. Shultz, interview with Richard Haass, "A Conversation with George P. Shultz," *Council on Foreign Relations*, January 29, 2013, http://www.cfr.org/world/conversation-george-p-shultz/p35380.

12. "Breaking into the Business World with 'Woman-Friendly' Model," Sunday Conversation transcript, NPR, June 23, 2013, available at http://www.npr.org/templates/transcript/transcript.php?storyId=194683800.

13. Private conversation. We were at a party Byrne threw at her house for her husband's sixtieth birthday. A number of us were admiring

her garden, particularly an arbor full of flowers that would make a picture-perfect setting for a wedding.

14. Henry Chesbrough, Wim Vanhaverbeke, and Joel West, "Open Innovation: A Research Agenda," in Chesbrough et al., *Open Innovation*, 285–308, 295.

15. Caroline Simard and Joel West, "Knowledge Networks and the Geographic Locus of Innovation," in Chesbrough et al., *Open Innovation*, 220–240, 229. Similarly, John Hagel and John Seely Brown advise leaders constructing "creation nets," a type of organization based on the open innovation model, to concentrate on "techniques that can accelerate the building of trust and deepening of relationships"; John Hagel III and John Seely Brown, "Creation Nets: Harnessing the Potential of Open Innovation," *Journal of Service Science* 1, no. 2 (2008): 27–40, 39.

16. Jeffrey Walker, "Solving the World's Biggest Problems Takes Ensembles, Not Soloists," *Huffington Post*, October 3, 2014, http://www.huffingtonpost.com/jeffrey-walker/solving-the-worlds-bigges_b_5925092.html.

17. Ibid.

18. Sir Michael Barber, "The Origins and Practice of Delivery," *Stanford Social Innovation Review*, April 16, 2013, available at http://ssir.org/articles/entry/the_origins_and_practice_of_delivery.

19. Wim Vanhaverbeke, "The Interorganizational Context of Open Innovation," in Chesbrough et al., *Open Innovation*, 205–219, 213, 214.

20. Eventually, McChrystal says there were seven thousand participants almost daily; *Team of Teams*, 168.

21. See Nambisan and Sawhney, *The Global Brain*, 69.

22. See Wellcome Trust Sanger Institute Press Office, "Wellcome Trust Announces Major Increase in Human Genome Sequencing," May 13, 1998, http://www.sanger.ac.uk/news/view/1998-05-13-wellcome-trust-announces-major-increase-in-human-genome-sequencing.

23. See Wellcome Trust Sanger Institute Press Office, "The Finished Human Genome—Wellcome to the Genomic Age," April 14, 2003, http://www.sanger.ac.uk/news/view/2003-04-14-the-finished-human-genome-wellcome-to-the-genomic-age.

24. "A Quest for an Opposition Leader," *New York Times*, February 9, 2011, http://www.nytimes.com/interactive/2011/02/09/world/middleeast/20110209-egypt-opposition-leaders.html.

25. Mike Giglio, "How Wael Ghonim Sparked Egypt's Uprising," *Newsweek*, February 13, 2011, http://www.newsweek.com/how-wael-ghonim-sparked-egypts-uprising-68727.

26. For an examination of why it has failed, see Beth Simone Noveck, *Wiki Government: How Technology Can Make Government Better, Democracy Stronger, and Citizens More Powerful* (Washington, DC: Brookings Institution Press, 2009). For examples of civic engagement platforms and initiatives of varying success and promise, see Micah L. Sifry and Jessica McKenzie, eds., *A Lever and a Place to Stand: How Civic Tech Can Move the World* (New York: Personal Democracy Media, 2015).

27. See the DemocracyOS homepage, http://democracyos.org/; also, Michael Scaturro, "Designing an Operating System for Democracy," *Atlantic*, July 19, 2014, http://www.theatlantic.com/international/archive/2014/07/designing-an-operating-system-for-democracy/374526/.

28. See Roger L. Martin and Sally R. Osberg, *Getting Beyond Better: How Social Entrepreneurship Works* (Boston: Harvard Business Review Press, 2015), 125–130.

第九章　大战略

1. Terry L. Deibel, *Foreign Affairs Strategy: Logic for American Statecraft* (New York: Cambridge University Press, 2007).

2. Kennan renounced aspects of this strategy in the 1957 Reith Lectures, transcripts of which are available at http://www.bbc.co.uk/radio4/features/the-reith-lectures/transcripts/1948/#y1957; nonetheless, Kennan and containment are inextricably linked.

3. These characterizations are taken from diplomat Dennis Ross, *Statecraft and How to Restore America's Standing in the World* (New York: Farrar, Straus and Giroux, 2007), 4.

4. Alec Ross made this point in a closed White House meeting in August 2011. I used it as the point of departure for the Richard S. Salant Lecture on Freedom of the Press at the Harvard Kennedy School in 2012, transcript available at http://shorensteincenter.org/wp-content/uploads/2012/02/Salant-2012-Transcript-REV.pdf.

5. Alec Ross, *The Industries of the Future* (New York: Simon and Schuster, 2016), 215, 239. The *Economist*, in July 2016, declared that open vs. closed had supplanted right vs. left as the new political fault line in Europe and the United States.

6. See Helen McCarthy et al., "Introduction: Network Logic," in *Network Logic*, ed. Helen McCarthy et al., *Demos* 20 (2004): 11–21.

7. See Geoff Mulgan, *Connexity: How to Live in a Connected World* (Boston: Harvard Business School Press, 1997).

8. Open does not necessarily mean anarchic; all networks need some element of hierarchy, just as hierarchies inevitably contain networks. Each form must be tempered by the other. An "open" trade regime, for instance, must embrace the principle of equitable distribution of the resulting benefits.

9. Eric Schmidt and Jared Cohen, *The New Digital Age: Reshaping the Future of People, Nations, and Business* (New York: Knopf, 2013), 85.

10. As the former dean of the Woodrow Wilson School of Public and International Affairs at Princeton, I am acutely sensitive to the debate swirling around the characterization of Woodrow Wilson as a racist president who resegregated the federal government. Celebrating Wilson's legacy is hurtful to many African-Americans, a sentiment that other Americans should recognize and respect. However, in international affairs, the Wilsonian legacy, while also flawed, is inextricably intertwined with the championing of universal values against power politics, harking back to Immanuel Kant; see my chapter "Wilsonianism in the Twenty-first Century," in *The Crisis of American Foreign Policy: Wilsonianism in the Twenty-first Century* (Princeton: Princeton University Press, 2009), 89–118. Perhaps in time this tradition too will be renamed, but for present purposes, I will use the nomenclature familiar to international relations scholars and practitioners.

11. See Anne-Marie Slaughter, *A New World Order* (Princeton: Princeton University Press, 2004).

12. Joshua Cooper Ramo, *The Seventh Sense: Power, Fortune, and Survival in the Age of Networks* (New York: Little, Brown, 2016), 255, 257, 258, 265; emphasis in the original.

13. Ibid., 266–267.

14. Schmidt and Cohen, *New Digital Age*, 110.

15. Ramo, *Seventh Sense*, 267.

16. Ibid.

17. Hillary Rodham Clinton, "Remarks on Internet Freedom," U.S. Department of State, January 21, 2010, transcript available at http://www.state.gov/secretary/20092013clinton/rm/2010/01/135519.htm.

18. In this sense I am building on the Liberal theory of international relations, developed by Andrew Moravcsik and others, which holds that states engage in international behavior because of "demands from individuals and groups" in society that define "state preferences—the substantive social purposes that give states an underlying stake in the international issues they face." Indeed, without such "social concerns that transcend borders, states would have no rational incentive to engage in world politics"; see Andrew Moravcsik, "The New Liberalism," in *The Oxford Handbook of International Relations,* ed. Christian Reus-Smit and Duncan Snidal (Oxford: Oxford University Press, 2008), 234–254.

19. Ramo, *Seventh Sense,* 266.

20. See Chris Fussell and Charles Goodyear, forthcoming, 2017.

21. As *Wired* founder Kevin Kelly writes about new technology, attempts to "stop it, prohibit, deny it, or at least make it hard to use" inevitably "backfire"; harnessing and managing it successfully requires "deep engagement, firsthand experience, and a vigilant acceptance"; Kevin Kelly, *The Inevitable: Understanding the 12 Technological Forces That Will Shape Our Future* (New York: Viking, 2016), 5. What goes for our technology goes for ourselves.

22. Juliette Kayyem, *Security Mom: An Unclassified Gide to Protecting Our Homeland and Your Home* (New York: Simon and Schuster, 2016), 9.

23. See Stephen Flynn, *The Edge of Disaster: Rebuilding a Resilient Nation* (New York: Random House, 2007), 14–16.

24. Ramo describes the "new caste" as comprising the immensely powerful designers and controllers of the networks of technology, finance, biotech, or "any discipline in which connection marks a change" and "on which we all depend"; *Seventh Sense,* 177, 179.

25. Ibid., 246–247.

26. Schmidt and Cohen, in *New Digital Age,* suggest that nations will intensify filtering and censorship to keep their citizens within their version of the Internet, even going so far as to require "virtual visas" to access it (93).

27. Senator Elizabeth Warren, in a speech titled "Reigniting Competition in the American Economy," Washington, DC, June 29, 2016, described as grave threats to the American economy and democracy the extreme consolidation of American industry and the concentration of economic power under a few oligopolistic corporations; transcript available at http://washingtonmonthly.com/2016/06/30/elizabeth-warrens-

consolidation-speech-could-change-the-election/. Barry Lynn and Philip Longman, in "Populism with a Brain," *Washington Monthly*, June–August 2016, http://washingtonmonthly.com/magazine/junejulyaug-2016/populism-with-a-brain/, describe how late-nineteenth- and early-twentieth-century Populism drove the U.S. government to adopt antimonopoly legislation and other pieces of an agenda aimed at reducing concentrated power and curtailing corruption; they suggest that populists today ought to revive this tradition by, among other things, fighting for localized banking, the break-up of tech monopolies, and common carrier principles in all big data realms.

28. See Ross, *Industries of the Future*, who calls data the "raw material of the digital age" and says owning it is as important as "who owned the land during the agricultural age and who owned the factory during the industrial age" (182).

29. For an examination of concentrations of corporate power over the past several decades, see Barry Lynn, *Cornered: The New Monopoly Capitalism and the Economics of Destruction* (Hoboken, NJ: Wiley, 2010).

30. Arun Sundararajan, *The Sharing Economy: The End of Employment and the Rise of Crowd-Based Capitalism* (Cambridge: MIT Press, 2016), 119, 125.

31. Scott Malcomson, in *Splinternet: How Geopolitics and Commerce Are Fragmenting the World Wide Web* (New York: OR Books, 2016), warns of the fracturing of the Internet along traditional lines of states, laws, and cultures; Schmidt and Cohen in *New Digital Age* predict the "balkanization" of the Internet (83).

32. Additionally, a global Internet, with its multiple, interoperable platforms, means a more resilient system.

33. See John G. Ruggie, "International Regimes, Transactions, and Change: Embedded Liberalism in the Postwar Economic Order," *International Organization* 36, no. 2 (1982): 379–415.

34. See the Open Government Partnership website, http://www.opengovpartnership.org/.

35. See the Open Government Declaration, http://www.opengovpartnership.org/about/open-government-declaration.

36. See Clay Shirky's 2012 Ted Talk, https://www.ted.com/talks/clay_shirky_how_the_internet_will_one_day_transform_government?language=en.

37. Open Government Declaration.

38. See New America DC director Laurenellen McCann's work developing models of civic engagement whereby public institutions work with, not for, communities in defining and pursuing priorities, at "Build with, Not For," http://buildwith.org.

39. Mulgan, *Connexity*, 14.

40. John D. Donahue and Richard J. Zeckhauser call this "collaborative governance," and in *Collaborative Governance: Private Roles for Public Goals in Turbulent Times* (Princeton: Princeton University Press, 2011) define the concept as "carefully structured arrangements that interweave public and private capabilities on terms of shared discretion" (4). The "shared discretion" piece is key to distinguish collaboration from traditional private-public partnerships, which tend to strictly bind contractors; see also Beth Simone Noveck, *Wiki Government: How Technology Can Make Government Better, Democracy Stronger, and Citizens More Powerful* (Washington, DC: Brookings Institution Press, 2009), who considers coproduction a component of "wiki government."

41. See Noveck, *Wiki Government*, xiv; she argues that coproduction is a unique form of democratic participation that combines "open-source volunteer participation with government's central coordination, issue framing, and bully pulpit" (18).

42. Quoted at the MacArthur Foundation Research Network on Open Governance website, http://www.opening-governance.org/#the-context. The Network, operated by the NYU GovLab, is developing and testing collaborative governance projects of three types: "Smarter governance," whereby government bodies gather the input of outside citizens to inform decision making; "open data governance," where government bodies share data that citizens and private entities can use and analyze to solve problems; and "shared governance," by which agencies and legislatures delegate responsibility for certain government functions such as budgeting to citizens.

43. The NYU GovLab, website available at http://www.thegovlab.org/, is coordinating many of these initiatives and several others: The Open Data 500 Study surveys a wide range of companies around the globe to understand how they use, value, and could use open government data; see the study's one-pager at http://www.thegovlab.org/static/files/od500-onepager-cropped.pdf. A network of sixty-five international ex-

perts joined online coaching sessions to help the city of Quito, Ecuador, tackle disaster management problems such as communication coordination, evacuation planning, and gathering data in real-time from citizens; see project details at http://www.thegovlab.org/project-crowdsourcing-innovations-in-disaster-management.html. Chile, the Kurdish region of Iraq, and other governments are crowd-sourcing laws via the online platform LegislationLab, which was first used to crowd-source a draft of the new Moroccan constitution in 2011; of the ten thousand comments received, 40 percent were incorporated into the final version of the country's new constitution—see this account and others at http://thegovlab.org/a-growing-community-of-global-crowdlaw-practitioners/.

44. See Robert O. Keohane and Joseph S. Nye, *Power and Interdependence: World Politics in Transition* (Boston: Little, Brown, 1977).

45. See Anders Fogh Rasmussen's speech at the 2010 Munich Security Conference, "NATO in the 21st Century: Towards Global Connectivity," February 7, 2010, transcript available at http://www.nato.int/cps/en/natolive/opinions_61395.htm. In addition to the twenty-eight Allies, NATO now has structured partnerships with forty-one countries, plus the United Nations, the European Union, and the Organization for Security and Co-operation in Europe; at the 2016 NATO Summit in Warsaw, the alliance affirmed that these partnerships were essential to NATO's "broad cooperative security network" and that the alliance would continue "to expand political dialogue and practical cooperation with any nation that shares the Alliance's values and interest in international peace and security"; see "Warsaw Summit Communiqué," NATO, Press Release 100, July 9, 2016, http://www.nato.int/cps/en/natohq/official_texts_133169.htm.

46. This strategy entails "moving beyond the hub-and-spoke alliance framework" with the United States at the center by "encouraging spoke-to-spoke linkages," especially between core U.S. allies such as Japan and Australia and peripheral partner nations such as Vietnam and India; see Elsina Wainwright, "ANZUS and the US Asian Alliance Network," Australian Strategic Policy Institute, March 29, 2016, http://www.aspistrategist.org.au/anzus-and-the-us-asian-alliance-network/. The United States is also strengthening the Asian-Pacific's "institutional architecture to reinforce a rules-based order, including through joining the East Asia Summit and sending the first resident U.S. Ambassador to

ASEAN"; see White House press release "FACT SHEET: Advancing the Rebalance to the Asia and the Pacific," November 16, 2015, https://www.whitehouse.gov/the-press-office/2015/11/16/fact-sheet-advancing-rebalance-asia-and-pacific. It's possible to understand this network as a "gateland," in the sense that it is a network that anyone can join who follows the rules. Ramo is not specific enough about his definition of gatelands to be sure. But he emphasizes the closed nature of gatelands, with the United States as the single gatekeeper. The Asian security network will be governed by all its members, even if the United States has a particularly large say. And its goal is to spread and build connections, not to seal members off in a protected space.

47. Systems theorists call this "negative entropy"; see David S. Walonick, "General Systems Theory," 1993, http://www.statpac.org/walonick/systems-theory.htm.

48. For an example of how the U.N.-regional organization relationship works in security affairs, see Stewart M. Patrick, "The UN Versus Regional Organizations: Who Keeps the Peace?" *Council on Foreign Relations Blogs*, March 23, 2012, http://blogs.cfr.org/patrick/2012/03/23/the-un-versus-regional-organizations-who-keeps-the-peace/.

49. See Jessica T. Matthews, "Power Shift," *Foreign Affairs*, January–February 1997, https://www.foreignaffairs.com/articles/1997-01-01/power-shift.

50. See the Financial Stability Board's website, http://www.fsb.org/.

51. See the highlights of the U.N. Department of Economic and Social Affairs report, "World Urbanization Prospects: The 2014 Revision," 2014, available at https://esa.un.org/unpd/wup/Publications/Files/WUP2014-Highlights.pdf.

52. See Benjamin R. Barber, *If Mayors Ruled the World: Dysfunctional Nations, Rising Cities* (New Haven: Yale University Press, 2013).

53. See the UNHCR website, http://www.unhcr.org/en-us/.

54. See GAVI's website, http://www.gavi.org/about/partners/developing-country-governments/.

55. See, e.g., Michele Kelemen, "U.N. Panel Blocks Accreditation Bid by Committee to Protect Journalists," National Public Radio, May 27, 2016, http://www.npr.org/sections/parallels/2016/05/27/479740466/u-n-panel-blocks-accreditation-bid-by-committee-to-protect-journalists.

56. See my Project Syndicate article on the negotiations, "The Paris Approach to Global Governance," December 28, 2015, https://www.project-syndicate.org/commentary/paris-agreement-model-for-global-governance-by-anne-marie-slaughter-2015-12.

57. International lawyers have debated for centuries about the "monist" or dualist nature of that system, an intellectual detour that need not detain us now.

58. See William W. Burke-White and Anne-Marie Slaughter, "An International Constitutional Moment," *Harvard International Law Journal* 43, no. 1 (2002): 1–22.

59. This is not to say that important human rights advances did not take place during the Cold War. Margaret Keck and Kathryn Sikkink, in *Activists Beyond Borders* (Ithaca, NY: Cornell University Press, 1998), note that in the 1970s the U.N. Commission on Human Rights became much more active and the U.N. Human Rights Committee began to function; and in 1984, the General Assembly adopted the U.N. Convention Against Torture. But in Latin America, Africa, and elsewhere, questions of whose rights to protect against which government were continually colored and distorted by overarching ideological struggles between capitalism and communism.

60. See Gary J. Bass, *Stay the Hand of Vengeance: The Politics of War Crimes Tribunals* (Princeton: Princeton University Press, 2000).

61. See the report "The Responsibility to Protect," the International Commission on Intervention and State Sovereignty (December 2001), vii, available at http://responsibilitytoprotect.org/ICISS%20Report.pdf.

62. Ibid., 13, 8; emphasis in the original.

63. Report from the Commission on Human Security, *Human Security Now* (New York, 2003), 2, 4, available at http://www.un.org/humansecurity/sites/www.un.org.humansecurity/files/chs_final_report_-_english.pdf. Ogata herself helped situate human security in the wider web world: "The Commission focuses on people as the main stake holders of ensuring security," she wrote. "By people, we refer particularly to communities that bind individuals along ethnic, religious, social links and values. Public opinion and civil society organizations play an increasingly important role in the prevention of violent conflicts as well as the eradication of poverty"; Sadako Ogata, "Empowering People for Human Security," Payne Lecture, Stanford University, May

28, 2003, available at http://www.sarpn.org/documents/d0001513/documents/4_Empowering_People_Ogata.pdf.

64. United Nations General Assembly, "Resolution Adopted by the General Assembly 60/1. 2005 World Summit Outcome," October 24, 2005, 30, available at http://www.un.org/en/preventgenocide/adviser/pdf/World%20Summit%20Outcome%20Document.pdf#page=30.

65. As of August 25, 2016. For the list of these resolutions, see http://www.globalr2p.org/resources/335.

66. Henry Kissinger, *World Order* (New York: Penguin, 2014), 30, 26.

结　论　治网方略的崛起

1. See Helen McCarthy et al., "Introduction: Network Logic," in *Network Logic*, ed. Helen McCarthy et al., *Demos* 20 (2004): 11–21, 11–12.

图表注释

Figure 2-1. Matthew A. Russell, *Mining the Social Web: Data Mining Facebook, Twitter, LinkedIn, Google+, GitHub, and More*, 2nd ed. (Sebastopol, CA: O'Reilly, 2013). Copyright © 2014 Matthew A. Russell. All rights reserved. Used with permission.

Figure 4-1. Paul Baran, "On Distributed Communications: I. Introduction to Distributed Communications Networks," RAND Corporation (1964). Reprinted with permission.

Figures 4-2, 4-3. Albert-Laszlo Barabasi, *Linked: How Everything Is Connected and What It Means for Business, Science, and Everyday Life* (New York: Plume, 2003). Copyright © 2003, reprinted by permission of Penguin Group Inc.

Figure 4-4. Zeev Maoz et al., "What Is the Enemy of My Enemy? Causes and Consequences of Imbalanced International Relations, 1816–2001," *Journal of Politics* 69, no. 1 (2007): 100–115. Published by the University of Chicago Press. Reprinted with permission.

Figures 5-4, 5-5. Stanley McChrystal et al., *Team of Teams: New Rules of Engagement for a Complex World* (New York: Portfolio/Penguin, 2015), copyright © 2015 McChrystal Group LLC, used by permission of Portfolio, an imprint of Penguin Publishing Group, a division of Penguin Random House LLC.

Figures 5-6, 5-7. Henry Chesbrough, *Open Innovation: The New Imperative for Creating and Profiting from Technology* (Boston: Harvard Business School Press, 2003). Copyright © 2003 Harvard Business Publishing Corporation; all rights reserved; reprinted by permission of Harvard Business Review Press.

Figure 7-1. Jeremy Heimans and Henry Timms, "Understanding 'New Power,' " *Harvard Business Review*, December 2014. Copyright © 2014 Harvard Business Publishing Corporation; all rights reserved; reprinted by permission of *Harvard Business Review*.